JN373027

타임 퍼즐과 시간의 문

글 김성삼 | 그림 김준식

작가의 말

> You can't use up creativity.
> The more you use, the more you have.
> 너는 창의력을 다 써 버릴 수 없다.
> 더 많이 쓸수록, 더 많이 가지게 된다.
> ㅡ 마야 안젤루

　미래 사회는 많은 것들이 달라질 거예요. 기술이 점점 발달함에 따라 인간이 할 영역의 많은 부분을 인공지능을 가진 로봇이 대신하게 되겠지요. 과학적으로 많은 발달이 이루어지고 세상은 점점 편리해질 것이 분명해요. 하지만 걱정되는 일들도 많이 있어요.
　'암기를 잘하게 만드는 약, 계산을 쉽게 해 주는 약.'
　공부하기는 싫지만 공부는 잘하고 싶어 하는 이야기 속 미래의 아이들이 먹고 싶어 하는 약입니다. 편리함만을 추구하고 생각하기를 싫어하며 쉽게 공부하려고만 하는 거죠.
　4차 산업 혁명 시대라 일컬어지는 요즘, 세상은 급속도로 빠르게 변화하고 있습니다. 알맞은 정보를 적절히 선택해서 그것을 삶에 응용하고 융합하는 힘을 기르는 것이 무엇보다 중요하지요. 그런 의미에서 또한 미래 사회로 갈수록 생각하는 힘을 가진 창의력 있는 인재가 필요하게 될 것입니다.
　창의력이란 '새로운 것을 생각해 내는 능력'이라는 말로, 생각하는 힘을 키우면 좋아질 수 있어요. 이야기 속에 등장하는 싸매고 탐험대 재민, 찬혁, 세라, 동진은 기존에 알고 있는 여러 수학과 과학 지식을 응용하며 창의력 있는 모습으로 여러 어려움을 극복하며 문제를 해결해 가지

요. 선생님은 여러분이 이 책을 읽으며 창의력과 문제 해결력의 중요성을 알고 키워 갈 수 있으면 좋겠습니다.

  싸매고 탐험대는 이제 마지막 탐험을 미래 속으로 떠납니다. 나쁜 마법사 호닉스는 난쟁이와 함께 인간 세계로 몰래 들어옵니다. 타임 퍼즐을 통해 시간의 에너지를 얻고 잃어버린 자신의 마법의 힘을 회복하려는 못된 꿍꿍이를 가지고요. 싸매고 탐험대 친구들에게 과연 어떤 일이 벌어질까요?

  자, 이제 모두 함께 싸매고 탐험대와 함께 신나는 마지막 모험을 떠나 볼까요?

글쓴이 김성삼

추신
싸매고 탐험대와의 세 번째 모험을 마무리하며
사랑하고 소중한 모든 분께 감사의 인사 전합니다.

차례

프롤로그 | 8

한라산에서 발견된 괴물체 | 10

미래 세계 | 25

경찰서에서 | 37

괴박사의 집 | 52

납치 | 68

메티스 제약 회사 안으로 | 82

야쾨장과의 만남 | 94

창의력 연구소 만들기 | 111

호닉스의 등장 | 122

병맛시계탑의 문을 열어라 | 133

그림의 비밀을 찾다 | 150

호닉스를 찾아간 황금문 | 161

박 탐정과 재롬의 잠입 | 174

박 탐정의 비밀 | 190

회심 | 207

타임 퍼즐 안으로 | 222

다시 현실 세계로 | 237

에필로그 | 246

등장인물

싸매고 탐험대
재민, 찬혁, 세라, 동진, 네 명의 어린이. 타임 퍼즐로 인해 미래 사회로 가게 된다.

재롬
마법 고양이 재로니스의 인간명. 꾀가 많고 변신에 능하며 운동신경이 뛰어남. 싸매고 탐험대를 돕기 위해 인간 세계로 내려온다.

야쾨장
메티스 제약 회사 대표로 여러 약을 팔아 많은 돈을 번 인물. 돈과 권력에 대한 욕망이 강하고 시간의 체계를 바꾸고 싶어 한다.

괴박사
IQ170의 천재이자 전직 창의력 센터장인 우주 공학자. 괴짜 성격에 메티스 제약 회사와 대립하며 소신 있게 자신의 할 말을 한다.

호닉스
마법 세상을 지배하려는 야욕을 가진 나쁜 마법사. 불꽃 절벽에 갇혀 있다가 지혜 정령의 도움을 받아 풀려남. 시간의 에너지를 먹고 흐트러진 몸과 마법의 힘을 회복하려고 한다.

황금문
메티스 제약 회사의 정보 보안팀인 선글맨들의 팀장. 야쾨장에 대한 충성도가 높다.

난쟁이
호닉스의 충성스러운 부하로 암산을 꾸준히 연마하여 꽤 높은 수준에 도달함. 자신의 주인인 호닉스를 위해 인간 세계로 내려와 메티스 제약 회사로 몰래 들어간다.

박 탐정

정의감에 불타지만 허당끼도 많은 허당 탐정. 어려움에 빠진 괴박사를 돕기 위해 발 벗고 나선다.

드라버
마법 택시를 몰고 다니는 마법 세상의 마법사. 호닉스와 한 스승 밑에서 배운 영원한 맞수로 재롬을 찾아 인간 세상으로 내려온다.

프롤로그

"주인님, 드디어 찾았습니다. 시간의 체계를 바꾸려고 계획하는 놈이 있습니다."

"오, 그래! 확실한 거냐?"

"네, 그렇습니다. 분명 타임 퍼즐이 반응할 것 같습니다. 야망도 적당히 있고, 아주 쓸모 있는 녀석이 될 것 같습니다."

"그래, 이거 시작이 아주 좋군. 흐흐흐."

호닉스는 긴 머리를 치렁치렁 날리며 웃었다. 그들이 있는 곳은 높은 산꼭대기, 시원한 바람이 불어왔다. 발달한 인간 세상의 도시가 한눈에 들어왔다.

"그나저나 인간 세상이 아주 많이 발달했어. 이렇게 발달할지 누가 알았겠……. 쿨럭."

찬바람이 들어가자 호닉스가 기침을 했다. 불꽃의 절벽에 갇혀 있다가 지혜의 정령들 도움으로 가까스로 빠져나온 그였다.

"주인님, 괜찮으십니까? 이 약을 어서 드십시오. 인간 세계에서 버틸 수 있는 노란 나무 약입니다."

호닉스가 작은 병에 든 약을 한 모금 마셨다. 기존 빨간 나무보다 수만 배 약효가 뛰어난 새로 발견한 나무 약이었다. 따뜻한 기운이 온몸으로 퍼지자 호닉스가 말을 이었다.

"시간을 바꾸는 일이 진행된다면 타임 퍼즐이 반드시 움직일 거야. 난 그때 타임 퍼즐을 통해 시간의 에너지를 얻고 몸을 회복할 것이다. 그리고 마법 세상으로 돌아가서 나를 등졌던 모든 녀석들을 굴복시키고 본때를 보여 줄 것이다. 난 보란 듯이 다시 예전처럼 마법의 일인자가 될 것이야."

"네, 주인님. 분명히 그리되실 것입니다."

호닉스는 고개를 끄덕였다. 이들의 목적은 타임 퍼즐 속에 흐르는 시간 에너지를 얻어 호닉스의 몸을 회복하기 위한 영원의 시간을 확보하는 것이었다.

난쟁이와 호닉스는 자신들이 이용하려 점찍어 둔 사내에게 접근하기 위해 계획을 세웠다.

"난쟁이 네가 저 녀석 밑으로 들어가라. 난 너에게 변장술을 구사하고, 저놈에게는 콩깍지 마법을 씌울 것이다. 저 녀석은 너를 아주 오래전부터 알고 있던 사람으로 알게 되겠지."

"그런데 혹시 놈이 말을 안 들으면 어떻게 합죠? 인간들은 배신을 잘 하니, 혹시라도……."

호닉스는 잠깐 생각에 잠겼다. 그리고 천천히 미소를 지으며 말을 이어갔다.

"음, 내게 다 생각이 있다. 넌 나만 믿고 들어가면 된다. 일단은 놈을 이용해서 우리가 얻고자 하는 것을 얻으면 된다. 넌 항상 나에게 마법의 텔레파시로 주파수를 맞추고 실시간 보고하도록 하라."

"네, 주인님!"

난쟁이는 연신 고개를 숙였다. 호닉스와 난쟁이는 헤어졌다. 호닉스는 마법 세상과 비슷한 곳을 찾아 산으로 들어갔고, 난쟁이는 '그 녀석'의 회사로 숨어들었다.

한라산에서 발견된 괴물체

"뉴스를 말씀드리겠습니다. 며칠 전 길쭉한 괴물체 하나가 한라산 꼭대기에서 발견되었습니다. 둥그런 원통 모양의 이 물체는 한라산을 등반 중이던 한 등산객에 의해서 발견되었는데요. 처음으로 이것을 목격하신 분의 말씀을 들어 보겠습니다."

"숲속의 큰 나무 아래에 반쯤 박힌 것을 발견했습니다. 제가 길을 잘못 들어 헤매고 있었는데, 반짝이는 물체가 보여서 가 보았더니, 이것이 있었습니다."

"현재 이 물체는 군용 헬기에 의해서 국립 과학 연구소로 옮겨져 있습니다. 많은 관심 속에 이 물체의 실체를 규명하고자 과학자들의 연구가 진행 중입니다. 소식을 들은 국민들도 많은 호기심을 가지고 지켜보고 있습니다. 이어서 국립 과학 연구소 책임 연구원 박시훈 박사님을 전화로 연결해 보겠습니다."

"박사님, 고생이 많으십니다. 이 물체에 대한 소개 부탁드립니다."

"이 물체는 동그란 원기둥 모양으로 반짝반짝 빛나고 있으며, 표면에는 알 수 없는 네모난 모양의 그림과 숫자가 쓰여 있습니다. 엄청난 무게가 나가는 이 물체가 어떻게 산속에 있었는지 지금 확인하고 있습니다. 우리 연구소에서 이 물체의 모든 의문점을 분석하여 밝혀내도록 하겠습니다."

재민이의 집, 텔레비전 뉴스 소리에 재민이와 가족들은 귀를 기울이고 있었다.

"삼촌, 저게 어떻게 한라산에 있었을까요?"

"그러게 말이다. 나도 처음 보는 건데…… 왠지 예사롭지 않은 물체 같긴 하구나."

재민이의 삼촌 나덜렁 박사가 대답했다. 나덜렁 박사는 남극 기지에서 일하다 잠시 귀국해서 재민이네 집에 와 있었다.

"왜 갑자기 모험심이 자극되니?"

"아, 그게 아니고요. 흐흐."

재민이가 씨익 웃었다. 재민이와 마음이 늘 통했던 나 박사는 재민이의 마음을 곧바로 눈치채 버렸다. 물체는 계속해서 재민이의 호기심을 자극했다. 국방부 쪽에서는 북한의 대남 첩보물이 아닌지 조심스럽게 의심하고 있었다.

원기둥이란?

1. 원기둥의 구성 요소
밑면 : 위와 아래에 있는 평행하고 합동인 두 면
옆면 : 옆을 둘러싼 굽은 면
높이 : 두 밑면에 수직인 선분의 길이

2. 원기둥의 전개도

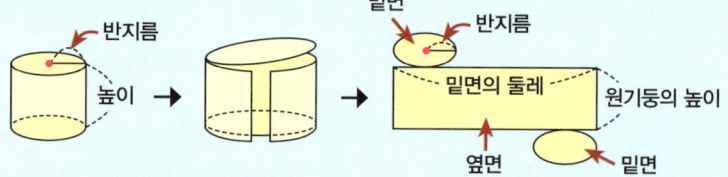

3. 원기둥의 부피

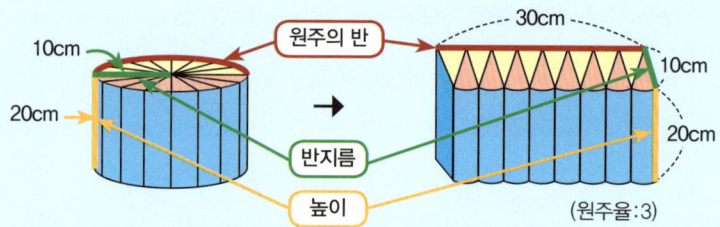

원기둥을 한없이 잘라 붙이면 직육면체가 된다.

직육면체의 부피=가로×세로×높이

가로=원주÷2, 세로=밑면의 반지름, 높이=높이를 대입해서 풀어 보면,
원주÷2×반지름×높이
=(지름×원주율)÷2×반지름×높이
=반지름×반지름×원주율×높이

며칠 후 재민이의 교실, 선생님은 수학 문제를 내고 아이들을 둘러보았다. 재미있게 수업을 진행하는 키티 선생님이었다.

"헬로 헬로, 자 오늘은 내일 방학을 맞아 퀴즈를 내도록 하지. 17번, 네 생일은 언제니?"

"아, 저는 2월 24일입니다."

"오호, 그럼 토요일이었네."

"어?"

"10번, 네 생일은 언제니?"

"네, 저는 9월 8일이요."

"오호, 너도 토요일이구나."

"어? 어떻게 알지?"

아이들이 수군댔다. 아이들 몇 명이 진짜로 맞는지 달력으로 가서 확인하고 있었다.

"25번, 네 생일은 언제니?"

"저는 7월 20일이요."

"오, 넌 올해 생일이 금요일이었겠구나."

"우와, 대박."

듣고 있던 아이들이 모두 깜짝 놀랐다.

"어떻게 알아내셨어요? 설마 달력을 다 외우신 건 아니죠?"

"하하하, 쉽게 알려줄 수는 없지. 달력의 규칙을 생각해 봐. 나눗셈의 나머지를 생각하면 알 수 있을 거야."

"아, 분명 방법이 있을 텐데……."

재민이는 고민하고 또 고민했다. 그때 '딩동댕동' 수업 시간을 마치는 종이 울렸다.

"아, 시간이 다 됐구나. 개학 날 보자. 투 비 컨티뉴 코밍 순."

선생님은 언제나처럼 휙 사라졌다. 점심시간 아이들은 밥을 먹고 옹기종기 모여 있었다. 재민이와 찬혁이도 함께 이야기 중이었다.

"재민아, 너 한라산에서 발견된 물체에 상금이 걸렸다는 이야기 들었어?"

"그래? 정말?"

"응, 사람들 관심이 높아지면서 그 물체가 무엇인지 알아내는 데 상금이 걸렸대."

한라산에서 발견된 물체에 대한 궁금증이 높아가면서 사고력과 창의력을 촉진할 좋은 기회라 판단하여 국립 과학 연구소에서 직접 대회를 개최한 것이었다. 찬혁이의 말은 재민이의 구미를 당기게 했다.

"우리가 한번 나가 볼까?"

"야, 그게 말처럼 쉽겠어?"

"뭐 어때? 그냥 해 보는 거지. 안 되면 말고……."

재민이가 찬혁이 어깨를 툭 치며 씩 웃었다.

"동진이하고 세라까지 해서 같이 한번 나가 보자. 지난번 마법 택시 이후에 다시 한번 뭉쳐 보는 거지."

마음을 먹자 재민이는 수업에 집중이 되지 않았다. 온통 물체에 대한 궁금증뿐이었다. 시간이 지나면서 더욱 호기심이 증폭

되었다.

집에 온 재민이는 오자마자 컴퓨터를 켰다. 기사를 검색하니 국립 과학 연구소에서 발표한 대회 요강이 보였다. 큼지막한 배너창이 화면에 가득 떴다.

암호를 밝혀라!

한라산에서 발견된 괴물체에 적힌 암호는 무엇일까요?
암호 풀이 대회에 여러분의 신청을 기다립니다.

일시 : 7월 25일~8월 31일
장소 : 국립 과학 연구소
참가 대상 : 대한민국 모든 학생

8월 31일까지 답을 찾으면 얼마든지 응모할 수 있었다.
"예스! 바로 이거야."
재민이는 주먹을 불끈 쥐었다. 찬혁이, 세라, 동진이에게 바로 카톡을 날리고 인터넷으로 관람 신청을 했다. 신청을 한 사람에게 제한적으로 물체를 볼 기회가 제공됐다. 운이 좋게 다음날 볼 수 있는 시간을 배정 받았다.

다음 날 방학식을 끝내고, 아이들은 모두 국립 과학 연구소로 향했다. 국립 과학 연구소는 학교에서 30분 정도 거리에 있었다. 도착해 보니 벌써 물체를 보려는 많은 사람들이 와 있었다. 번호표를 뽑고 순서대로 차례를 기다렸다. 차례가 되어 방으로 들어가니 한가운데 놓여 있는 커다란 물체가 보였다. 사방이

두꺼운 유리로 둘러싸여 있었고, 표면이 반짝거리는 원기둥 모양이었다. 밑면이 유독 환하게 빛났다.

"우와, 신기하다."

아이들은 궁금해서 더 가까이 다가갔다. 생전 처음 보는 신기한 물체는 아이들의 호기심을 자극했다.

"앗, 저것 좀 봐."

옆면에 무언가 글씨가 쓰여 있었다. 글씨는 점점 커졌다 작아졌다 환해지며 다시 어두워지는 것을 반복했다. 아이들은 계속 뚫어져라 물체만 바라봤다.

"wing 2. 8. 35. 133. 일단 암호를 적고······."

재민이가 메모지를 꺼내 암호를 적었다. 세라는 물체를 스케치하며 쓱쓱 그림을 그렸다. 제법 그럴듯했다. 연구소를 나온 아이들은 일단 도서관으로 가서 관련 자료를 찾아보기로 했다.

아이들은 학교 옆 꽤 오래된 마을 도서관으로 갔다. 네 개의 큰 열람실이 있었는데, 수십 개의 책꽂이가 번호 순서대로 차례차례 놓여 있었다. 책을 종류별로 분류해 놓아 책꽂이마다 일련번호가 붙어 있었다.

"십진 분류표를 따라서 책을 찾아보자."

재민이의 말에 따라 아이들은 수학, 과학 이야기가 놓인 책장으로 갔다.

"그 물체는 도대체 뭘까? 그 위에 쓰인 글씨랑 그림은······."

이 책 저 책을 뒤적이며 비슷한 것이 있지 않나 살펴보았지만, 전혀 감이 잡히지 않았다. 모두 마찬가지였다. 고개를 갸웃거리며 이것저것 메모해 보아도 별 소득은 없었다.

"인터넷 검색을 해 볼까?"

하지만 역시나 인터넷 검색에서도 특별한 게 없었다. 죄다 지금 발견된 뉴스 기사뿐이었다.

"정보의 바다라는데, 관련 있는 게 아무것도 없어. 이제 어디에서 찾아야 하지?"

찬혁이가 투덜거렸다. 잠깐 밖으로 나왔다. 바깥바람을 쐬니 조금은 머리가 상쾌해졌다. 아이들은 도서관 입구 자판기에서 음료를 꺼내 들었다. 급히 들어가느라 못 봤던 전시된 여러 가지 액자들이 눈에 띄었다. 마을의 역사적 유래, 옛날에 살았던 사람들의 규모와 발전상 등이 큰 액자에 전시돼 있었다.

"와, 이 마을이 굉장히 오래된 곳이구나. 1900년대 초라고 하면 100년도 더 된 거잖아. 할아버지 그 이전 시대부터 있었다는 거네."

놀랍게도 이곳이 서울에서 가장 오래된 마을 도서관이라고 했다.

"어! 이곳 지명이 '날개, 날다'라는 뜻이래."

"와, 멋지다. 이곳에 살면서도 왜 몰랐을까?"

"잠깐 날개라고 하면 영어로 wing이잖아."

"그렇지."

"wing. 2. 8. 35. 133. 우리가 있던 곳이 2열람실이었는데, 책꽂이에도 번호가……."

재민이는 갑자기 혼잣말로 여러 번 반복해서 중얼거렸다. 그리곤 깜짝 놀란 듯 아이들을 불렀다.

"얘들아, 잠깐만. 아까 책꽂이가 몇 번이었지? 잠깐 나랑 같이 가 보자."

재민이가 다짜고짜 아이들을 데리고 2층 열람실로 뛰어갔다. 조금 전 바로 그 2열람실이었다.

"이 녀석들 도서관에서 왜 이렇게 호들갑이야? 그렇지 않아도 졸려 죽겠는데……."

졸고 있던 사서 아저씨가 시끄러운 소리에 깜짝 놀라 아이들을 나무랐다.

"아저씨 죄송해요. 저기…… 근데 책꽂이 8번이 어디죠?"

"8번 책꽂이? 저쪽 오른쪽 구석으로 가면 있을 거다."

"네, 고맙습니다."

재민이는 고개를 숙이고 부리나케 그곳으로 향했다. 아이들은 영문도 모르고 재민이를 따라갔다.

"8번째 책꽂이에 35번째 책."

책을 끝에서부터 한 권씩 세기 시작했다. 그리곤 한쪽 구석에 있는 책 한 권을 얼른 뽑아왔다. '시간 여행'이라는 책이었다.

"그게 뭐야?"

아이들은 재민이 주위로 몰려들었다.

"얘들아, 아까 우리가 물체에서 봤던 글씨가 'wing. 2. 8. 35. 133.'이었잖아."

"응."

모두가 고개를 끄덕였다.

"wing은 우리말로 날개잖아. 여기 지명이 비상, '날개, 날다'라는 뜻이야. 그리고 그 이후의 숫자 '2. 8. 35. 133.'을 이곳 도서관과 연결하면, 2열람실 그리고 8번 책꽂이의 35번째 책인 이 '시간 여행'이 되지."

놀라운 추리력이었다. 아이들은 눈이 휘둥그레 재민이를 보았다.

"이제 마지막 133 숫자가 남았어. 혹시 그것을 뜻하는 게 이 책의 페이지가 아닐까?"

"그럴듯해 재민아, 빨리 넘겨 봐."

찬혁이가 재촉했다. 재민이가 아이들을 둘러보곤 떨리는 손으로 책을 넘겼다. 133쪽이었다. 그곳에 커다란 시계탑 모형이 있었다.

"뭐야, 시계가 좀 이상한데?"

네모난 모양에 듬성듬성 시간도 몇 개 적혀 있지 않았다.

"어, 아까 그 물체에 그려진 그림과 비슷하지 않아?"

찬혁이가 시계탑에 손을 대자, 갑자기 찬혁이의 손에 분침이 자석처럼 달라붙었다. 놀란 찬혁이는 아이들을 바라보았다.

"얘들아, 어떻게 할 수가 없어. 앗, 뜨거워."

분침이 마음대로 돌기 시작했다. 시간이 휘몰아치듯 한참을 지나갔다.

"어, 어, 어……."

아이들은 놀라서 아무 말도 하지 못했다. 그 순간 시계탑 아래쪽 문에 무언가 글씨와 함께 그림이 그려지기 시작했다.

"저, 저 저길 봐."

놀란 동진이가 그림을 가리켰다.

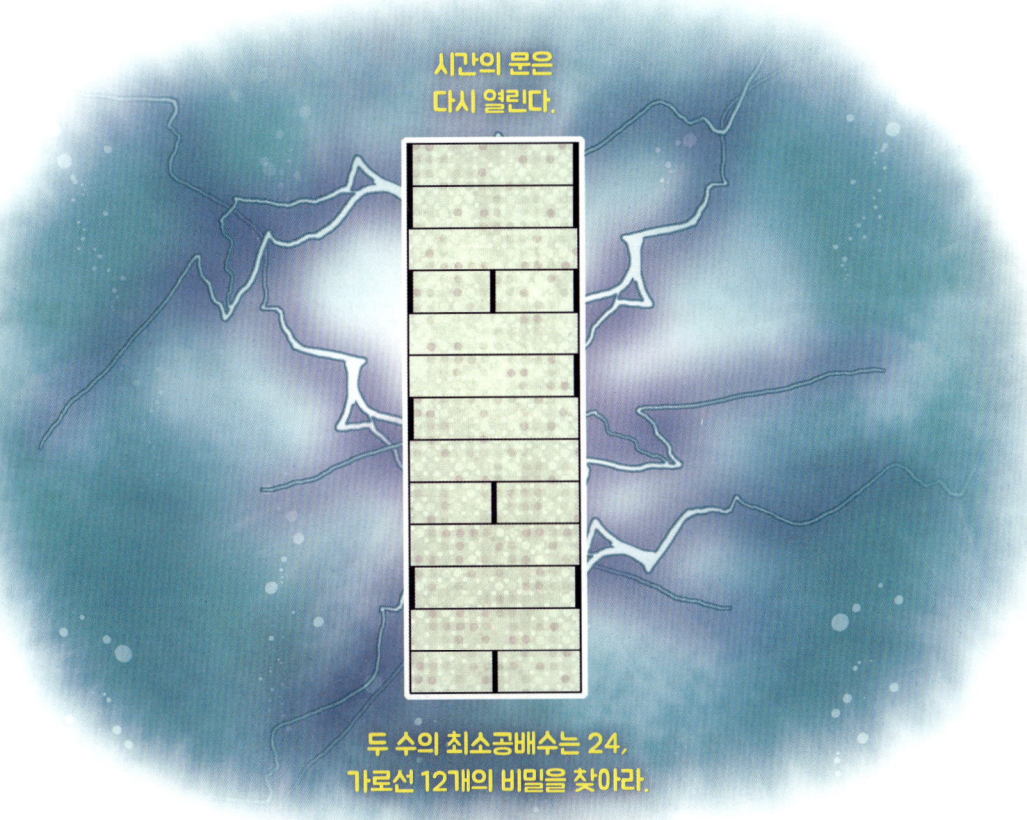

재민이는 들고 있던 핸드폰으로 그림을 놓칠세라 사진을 찍었다. 그 순간 그림 속 빗장이 풀리며 잠겨 있던 커다란 문이 활짝 열렸다. 안으로부터 세찬 바람이 느껴졌다. 강력하게 빨아들이는 힘이었다.

"어."

짧은 외침과 함께 아이들은 책 속 시간의 문으로 빨려 들어가 버렸다. 눈 깜짝할 새 벌어진 일이었다.

"시간의 문이 열렸구나."

어른은 마법의 벽에 투영되는 시간의 문을 한참을 바라보았다. 그곳을 빠져나가는 그림자 네 개의 흔적이 보였다.

'아이들의 뒷모습인데, 그때 그 아이들과 비슷해…….'

그림자를 통해 주인을 투영하는 마법의 눈으로 보니 시간의 문에 남겨진 그림자는 그때 그 아이들이 분명했다. 놀라운 일이었다.

"무슨 일이지? 왜 시간의 문이 열린 거지? 이건 분명 타임 퍼즐과 관련이 있는데……."

"아, 지난번에 설명해 주셨던 절대 퍼즐 중에……."

어른은 조용히 고개를 끄덕였다.

"시간과 관련된 무언가에 혼돈스러운 일이 생긴 걸까? 왜 타임 퍼즐이 지금 활동하게 된 거지? 또, 저 아이들은……?"

걱정에 잠겨 있는 어른을 보며 소년이 조심스럽게 말을 꺼냈다.

"아저씨, 그럼 제가 한번 다녀와 볼게요. 애들도 보고 싶고."
"그래? 괜찮겠니?"
어른은 아이를 바라보다 조심스럽게 허락했다. 마법 세상을 위해 꼭 보내 줘야 할 것 같은 느낌이 들었다.
"잠깐만."
어른은 잠시 생각하더니 방 안으로 들어갔다.
"자, 이것을 차고 가거라. 여기 시계에 있는 거울을 통해서 너의 모습을 지켜보마. 혹시 어려운 일이 생기거든 여기 이 버튼을 꾹 누르도록 해라. 그럼 내가 바로 달려가마."
마법의 시계였다. 어른의 손목에도 이미 똑같은 시계가 채워져 있었다.
"자, 그리고 이것은 아이들을 만나면 전해 주렴."
어른은 안쪽 주머니에서 작은 종이봉투 하나를 건넸다. 소년은 어른의 품에 오랫동안 안겼다.

★톱아보기란?
'자세히 살펴보다'라는 뜻의 순우리말입니다.

1. 다음과 같은 원기둥이 있습니다. 원기둥의 구성 요소를 생각하며 ☐ 안에 알맞은 명칭을 써 보세요.

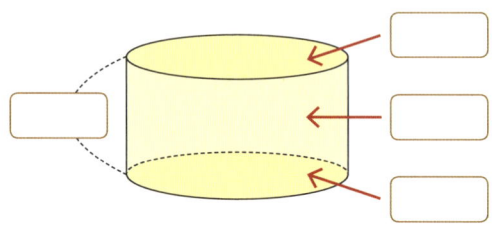

2. 원기둥을 직육면체로 바꾸는 그림입니다. 보기에 들어갈 알맞은 숫자를 써넣으세요. (원주율 3.1)

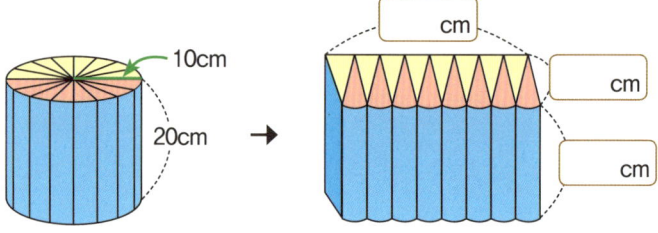

3. 다음 원기둥의 부피를 구하세요. (원주율 3.1)

❶ ❷

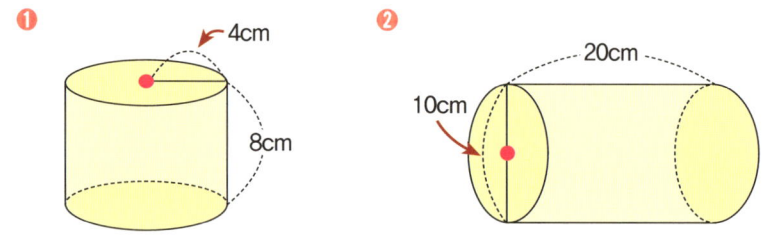

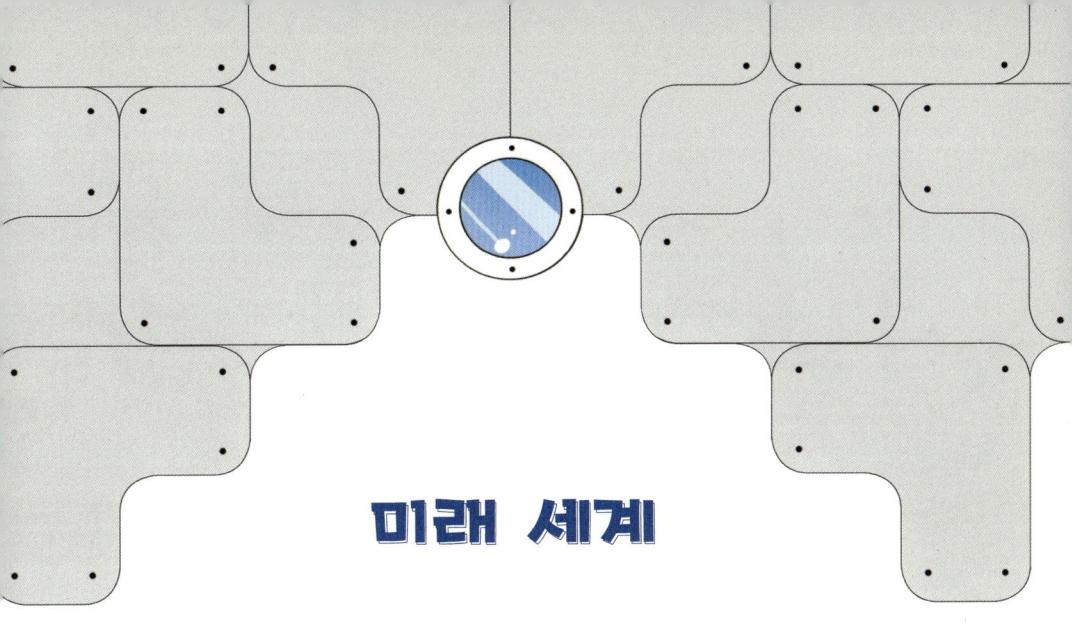

미래 세계

　책 속으로 빨려든 아이들은 새로운 세계로 쏟아져 나왔다. 그곳은 굉장한 높이의 고층 빌딩들이 즐비한 곳이었다. 원기둥, 원뿔 그리고 여러 모양의 건물 유리 벽이 햇빛에 반사되어 눈이 부셨다.
　"저길 봐. 차들이 공중에 떠서 움직여."
　아이들은 벌어진 입이 다물어지지 않았다. 땅 위로 다니는 자동차도 있고, 그 위를 한층 떠서 공중 부양하여 다니는 자동차도 보였다. 공상 과학 영화에서나 보던 미래 사회가 눈앞에 펼쳐져 있었다.

"박람회장에 온 거니? 길을 잃어버렸나……."
 어딘가 익숙지 않은 듯한 아이들의 모습이 사람들 눈에 금방 띄었다. 귀에 무언가를 끼고 헤드폰을 쓴 한 남자가 아이들을 보고 다가왔다.
 "어……."
 "집 주소는 알고 있고?"
 "그 그게……."
 아이들이 우물쭈물했다.
 "경찰서에 연락해 줄까?"

"아, 아니요. 여행하고 있어서요."

찬혁이가 둘러대자 그 남자는 아이들을 다시 위아래로 살펴보더니 그대로 사라졌다.

"저기가 박람회장인가 봐."

많은 레이저가 쏟아져 나오는 화려한 곳, 아이들은 무작정 그곳으로 들어갔다. 커다란 입구를 지나자 큰 공간에 수십, 수백 개의 부스가 양쪽으로 나란히 쭈욱 설치되어 있었다. 아이들은 무엇에 이끌린 듯 그 안으로 들어갔다.

아이들은 새로 보는 광경에 눈을 뗄 수가 없었다. 최첨단 미래 사회의 진면목을 볼 수 있는 곳이었다. 사이보그처럼 생긴 각종 로봇이 전시되어 있었고, 강아지나 고양이와 겉모습이 똑같은 애완 로봇도 보였다. 카멜레온처럼 색깔이 자유자재로 바뀌는 옷부터 북극과 남극에서도 한 벌만 입으면 생활이 가능한 셔츠도 있었다.

"우와!"

아이들은 계속 입을 다물 수가 없었다. 공처럼 생긴 불을 끄는 기구는 평소에는 공처럼 놀이용으로 사용하다가, 화재 등으로 주변 온도가 높아지면 터지게 되어 있었다. 야구공 크기로 교실 하나 정도를 끌 수 있는 초고압축 이산화탄소가 그 속에 들어 있다고 했다.

"저건 투명 망토야. 빛을 반사하는 물질이래."

한쪽에 걸려 있는 옷을 가리키며 세라가 말했다.

"빛을 반사해서 뒤에 있는 물체를 보이지 않게 한다. 저게 진짜라면 정말 투명 인간도 나올 수가 있겠어."

미래 사회의 모습들을 보니 정말 대단하다는 생각이 들었다. 아이들은 발전된 미래 사회의 모습에 가슴이 뛰었다.

"문제를 풀면 난이도에 따라 상품이 나갑니다! 어서 와서 풀어 보세요."

"어? 저건 뭐지?"

창의력 부스라 쓰인 곳에서 한 사람이 소리치며 지나가는 아이들을 불러 모으고 있었다.

"곧 퀴즈가 시작됩니다. 빨리 모여 주세요. 자, 학생들은 도형에 대해 알고 있습니까?"

"물론이죠. 도형 중 사각형은 정사각형, 직사각형, 마름모, 평행사변형이 있고, 삼각형은 예각, 둔각, 직각삼각형이 있습니다. 도형의 넓이와 둘레, 입체도형의 부피 등 어떤 문제라도 자신 있습니다."

아이들 몇 명이 선글라스를 끼고 있었고, 앞에 있던 그중 한 명이 말했다.

"오, 정말 훌륭합니다. 그럼 입체도형의 전개도는 무엇입니까?"

"전개도란 입체도형을 펼쳐서 평면에 나타낸 그림을 말하죠. 즉, 서로 마주 보는 면은 합동이 되도록 그리고, 접히는 부분은 점선으로, 나머지 부분은 실선으로 나타내어야 하며, 같은 입체도형이라도 전개도의 모양이 달라질 수 있습니다. 전개도는 입체도형의 겉면을 이어 붙여 놓은 것을 말해서 겉넓이를 구할 때 많이 이용됩니다. 또, 겨냥도가 있는데, 입체도형의 속을 보이게 만들어 놓은 것이죠. 즉, 선과 면과 모서리 등이 모두 나타나게 그려 놓은 것으로 보이는 곳은 실선으로 보이지 않는 곳은 점선으로 그리게 돼요."

선글라스를 쓴 한 아이가 아주 빠르게 이야기했다. 전개도와 겨냥도에 대해서 모두 달달 외운 모양이었다. 같이 있던 사람들이 탄성을 질렀다.

"선글맨 소속 어린이들 같은데, 아주 훌륭하군요. 자, 그럼 문제를 내겠습니다. 이 정육면체를 만들 수 있는 전개도를 많이 만들어 보세요. 최대한 많이 만드는 사람이 우승합니다."

"많이 만들라고요? 그냥 '정육면체의 전개도가 아닌 것을 구하라.' 같은 문제는 없나요?"

"네. 그런 틀에 박힌 문제는 제시하지 않습니다. 힌트를 드리자면 전개도를 그려 보면서 어떤 원리를 찾아보면, 생각보다 훨씬 많은 전개도를 찾을 수 있을 것입니다. 자, 지금부터 시작하겠습니다."

재민이는 나눠 준 종이와 연필로 전개도를 그리기 시작했다. 다른 아이들도 펜을 받아 전개도를 그려 나갔다. 일단 밑면이 2개 옆면이 4개인 조건을 충족시킨 후 옆면을 요리조리 연결했다. 한 개씩 그리다 보니 어떤 공통점이 보였다.

'아! 이렇게 되는 건가?'

변형된 전개도는 기본 전개도에서 옆선을 따라 이어 붙여 가는 형태를 하고 있었다. 원리를 깨달은 재민이는 짧은 시간에 11개의 전개도를 그렸다.

"오, 꽤 많은 전개도를 그렸군요."

사회자가 재민이를 보며 말했다.

"네. 전개도를 그려 보니 전개도를 만든 후에 만나는 선을 이어 붙이면 다양한 전개도를 만들 수 있는 것을 알게 되었어요. 입체도형의 전개도를 직접 만들어 본 적이 있는데, 그때 여러 전개도에서 공통점을 발견했거든요. 칠판에 붙여 가며 공부를 했던 게 도움이 된 것 같습니다."

재민이가 전개도 그림을 그려 가며 사회자에게 설명했다. 사회자가 유심히 듣다가 박수를 쳤다. 재민이는 우승 상품으로 고급스러운 문구류 세트를 받았다.

"퍼펙트! 아주 훌륭하군."

앞에 앉아서 처음부터 이 모습을 유심히 지켜보던 한 대머리 아저씨도 일어서서 큰 소리로 박수를 쳐 주었다.

"대단하구나. 여러 가지 전개도를 생각하며 연관성을 찾아내다니……."

주변 사람들의 시선에 아이들은 조금 머쓱해져 자리를 떴다.

"아, 열 받아. 저런 촌뜨기들보다 못하다니……."

전개도를 5개밖에 그리지 못한 선글라스를 쓴 아이가 신경질이 나 껌을 질겅질겅 씹어 댔다.

"와, 이것처럼 되기만 한다면 정말 대박이겠다."

여기저기를 둘러보던 세라가 어떤 부스를 향해 걸어갔다. 검

겨냥도와 전개도

1. 겨냥도 : 입체도형의 속이 보이게 만들어 놓은 그림

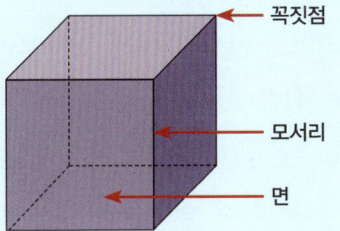

★직(정)육면체의 성질
- 마주 보고 있는 두 면은 평행
- 이웃하고 있는 두 면은 수직
- 면의 개수 6개,
  모서리 개수 12개,
  꼭짓점의 개수 8개

2. 전개도 : 입체도형의 모서리를 잘라서 펼쳐 놓은 그림

서로 만나는 선분끼리 같은 기호로 표시하면 이해하기 쉽다.

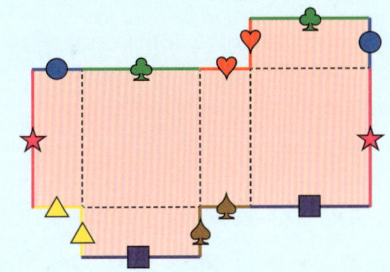

★정육면체를 전개도로 그린 여러 가지 모습

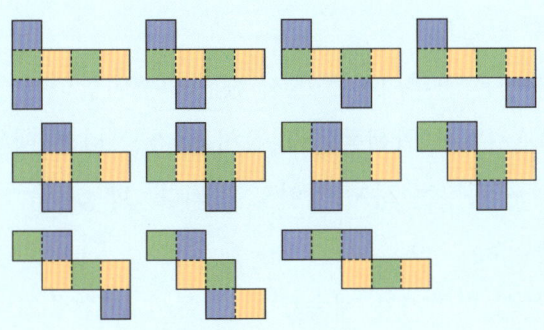

은 선글라스를 낀 사람들이 무언가를 홍보하고 있었다.

"이 약을 먹으면 공부하지 않고도 여러분이 보는 모든 것을 그대로 암기할 수 있습니다."

시신경에 저장된 화면을 잊어버리지 않고 그대로 저장시켜서 뇌까지 갈 수 있도록 하는 약이라며 홍보가 계속됐다.

"여러분은 힘들게 공부하지 않아도 됩니다. 이 약만 먹으면 모든 것을 기억할 수 있습니다. 가령 아주 중요한 발표가 있을 때 이 약만 먹으면 그 발표 자료가 자동으로 암기가 됩니다. 이 캡슐 하나면 최소한 한 시간 정도는 기억이 지속되죠."

선글라스를 낀 선글맨은 캡슐을 들어 보였다.

"시험 보기 한 시간 전 이 약을 먹고 공부하세요. 누구나 100점을 맞을 수 있습니다!"

"어? 그럼 수학 문제 같은 건 어떡해요?"

호기심이 생긴 재민이가 물었다.

"물론 수학 문제를 잘 풀게 하는 계산 특효약도 있습니다. 하지만, 이 암기약으로도 공식을 외워 버리면 되니 수학도 100점을 맞을 수 있어요."

"모든 학생은 공부의 공포에서 해방돼야만 합니다. 공부하라고 강요하는 것은 학생들을 괴롭히는 가장 나쁜 행동입니다. 이제 지겨운 공부는 하지 않아도 됩니다. 학생들을 위한 최고의 발명품이죠."

선글맨들의 이야기가 계속됐다. 둘이서 번갈아 가며 열변을 토하고 있었다.

'시신경에 저장된 화면을 잊지 않게 도와주는 약이라⋯⋯.'

재민이가 생각해도 그럴듯해 보였다.

"지금은 한 시간 정도만 저장할 수 있지만, 몇 년 안에 하루 이상 저장할 수 있는 약도 만들어질 겁니다. 이제 쉽게 공부하는 세상이 열리는 것이죠."

"아니, 이런 것으로 또 학생들을 현혹하려고⋯⋯."

뒤에서 갑자기 큰 소리가 들렸다. 재민이에게 박수를 쳐 주던 아까 그 대머리 아저씨였다. 허름한 양복을 입고 약간 꾀죄죄한 모습에 면도도 안 한 듯 까칠까칠한 수염이 얼굴에 나 있었다. 앞에서 홍보하던 선글맨들이 움찔했다.

"약을 만들려면 학생들에게 좋은 약을 만들어야지! 생각하는 힘을 잃어버려 바보가 되는 약을 만든단 말이오?"

"말씀이 지나치십니다, 괴박사님. 지난번부터 우리 회사가 하는 일에 딴지를 걸더니, 무슨 근거로 그러시는 겁니까?"

그는 괴박사라 불리고 있었다.

"근거? 그것을 말이라고 하는 거야? 단순히 암기만 하고 생각을 하지 않는다면, 아이들의 사고력이 떨어진다는 것을 몰라서 하는 말이오?"

"괴박사님, 그러다 업무 방해로 고소 당할 수 있습니다."

"고소? 얼마든지 고소하라고 해. 이런 약들 때문에 아이들이 점점 망가지고 있다고. 아이들은 공부의 원리를 찾지 않고, 호기심도 사라졌어. 창의력? 생각할 수도 없어. 왜냐하면 이따위 암기약을 먹으면 외워지고, 계산약을 먹으면 계산이 술술 된다

고 현혹하고 있으니깐."

사람들이 괴박사의 큰 소리를 듣고 주위에 몰려들었다. 하지만 괴박사에게 호의적이지 않았다. 모여든 사람들은 오히려 선글맨의 편을 들었다.

"왜 멀쩡하게 영업하는 회사 앞에서 이러는 거야?"

"저 사람이 그 유명한 괴짜 선생이야? 똥고집에 자기주장만 강하다고 하는……."

"그러게 옛날에는 꽤 유명한 과학자였다고 하던데, 하고 다니는 꼴 좀 봐, 쯧쯧쯧."

불평을 해대는 사람들의 소리가 들렸다. 괴박사는 사람들의 시선과 목소리에 아랑곳하지 않았다. 계속 큰 소리로 말했다.
　"당신들도 정신 차리시오. 이런 약을 먹으면 큰일난다고요. 아이들을 망치려고 작정을 했단 말이오? 어디서 이런 회사 편을 든단 말입니까?"
　괴박사의 계속되는 큰 소리에 박람회 직원들이 달려왔다. 괴박사는 몰려든 사람들과 함께 한참을 그곳에서 실랑이를 벌였다. 험악해진 분위기에 불편해진 아이들은 자리를 빠져나왔다.

공부에 도움이 되는 수학·과학 톺아보기

★톺아보기란?
'자세히 살펴보다'라는 뜻의 순우리말입니다.

1. 직육면체의 겨냥도를 그리세요.
   (보이는 부분은 실선, 보이지 않는 부분은 점선으로 표시하기)

2. 직육면체의 성질을 생각하며 (   ) 안에 들어갈 단어를 보기에서 알맞게 고르세요.

   > 수직, 평행, 12, 8, 6

   ❶ 마주 보고 있는 두 면은 (   )이다.
   ❷ 이웃하고 있는 두 면은 (   )이다.
   ❸ 면의 개수는 (   )개이다.
   ❹ 모서리 개수는 (   )개이다.
   ❺ 꼭짓점의 개수는 (   )개이다.

3. 모양이 다른 정육면체의 전개도를 3개 이상 그려 보세요.

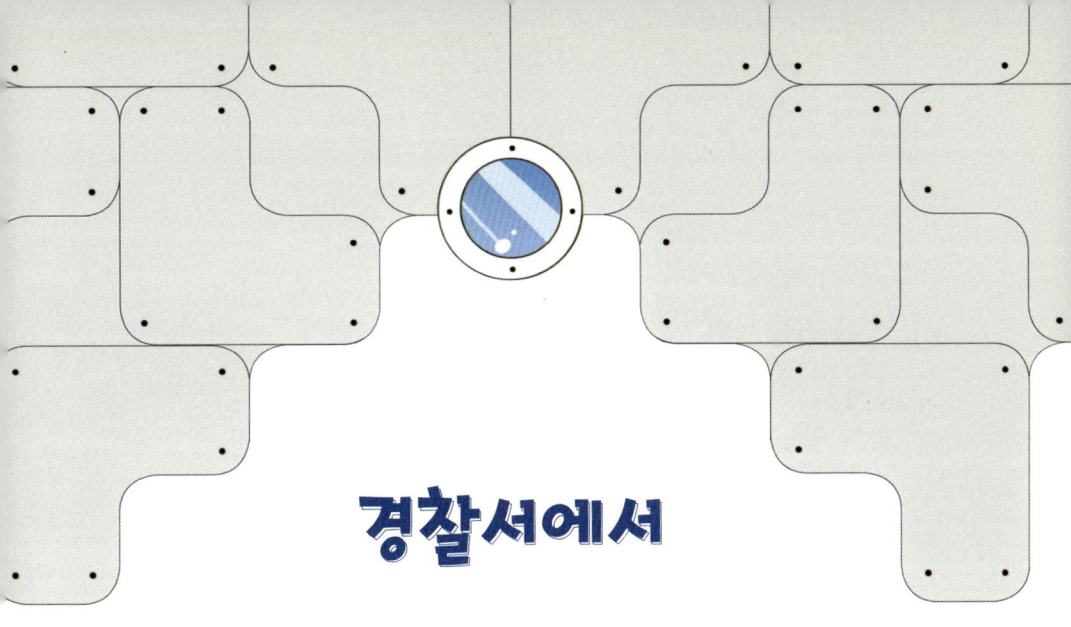

경찰서에서

화장실에서 나오는 재민이를 누군가 부르는 소리가 들렸다.
"헤이! 촌뜨기."
뒤돌아보니 아까 그 선글라스를 쓴 아이였다. 그리고 그 아이 뒤로는 또 다른 선글라스 무리가 서 있었다.
"너희 말이야. 어느 촌에서 왔는지 모르겠지만, 이렇게 촌티가 좔좔 나게 다녀도 되는 거야? 아까는 내가 컨디션이 안 좋아서 그랬는데 말이야. 너희들 같은 루저들한테 지니까 기분이 좀 나쁘네."
선글라스를 쓴 아이가 대놓고 시비를 걸었다.

"뭐라고?"

화가 난 재민이가 주먹을 불끈 쥐었다.

"왜 기분 나빠? 날 치려고? 한번 때려 보시던지."

검은 선글라스들이 똑같은 포즈로 손가락 욕을 그렸다. 무리들이 씨익 웃으며 재민이를 빙 둘러쌌다. 그중 한 명이 다가와 발로 툭툭 재민이를 건드렸다.

"이런 촌뜨기가 어디서 잘난 체를……."

그때였다. '앗' 소리를 내며 재민이를 때린 아이가 넘어졌다. 모두 깜짝 놀라 고개를 들어보니 한 소년이 서 있었다.

"자, 빨리 뛰어."

그 아이는 재민이의 손을 잡고 도망쳐 순식간에 박람회장에 있던 아이들을 찾았다. 싸움이 벌어질 뻔한 이야기에 모두 놀라서 박람회장 밖으로 빠져나왔다.
"휴, 진짜 고마워. 덕분에 봉변을 당하지 않았어."
재민이가 그 아이에게 고마움을 표했다.
"다행이야. 다친 덴 없지? 난……."
아이가 뭐라고 말하려는 순간이었다.
"네놈들이구나. 박람회장에서 폭행 사건이 있었다더니……."
무섭게 생긴 경찰관 둘이 아이들 앞을 가로막았다.
"네? 아니에요. 그 애들이 저희에게 먼저 시비를 걸었다고요. 그놈들이 저를 발로 툭툭 차며 위협했어요."
"시끄럽다. 집 나온 지가 얼마나 된 거야. 꼴은 또 그게 뭐야? 이상한 옷이나 입고 다니고."
경찰관이 아이들을 위아래로 훑어보며 재민이의 말은 들은 체도 하지 않았다. 그리고 타고 온 경찰차에 아이들을 태우기 시작했다. 화가 난 재민이가 계속 따졌지만, 경찰관은 아무 대꾸도 앉은 채 험상궂은 표정을 지으며 허리에 차고 있는 곤봉으로 아이들을 차로 밀어 넣었다.
"뭐야? 우리들 말은 들은 체도 안 해."
아이들은 쭈뼛쭈뼛 탈 수밖에 없었다. 10여 분을 달린 후 경찰서에 도착했고, 경찰관은 건물 안으로 들어가 다짜고짜 아이들을 벽에 세웠다. 경찰관이 버튼을 누르니 사방의 벽에서 빛이 번쩍거리며 아이들을 스캔하기 시작했다. 잠시 후 컴퓨터

음성이 나왔다.

"스캔 결과 반경 30km 안에 일치하는 인물이 없습니다."

"우리 모습을 스캔해서 벌써 대조가 끝났나 봐."

놀란 세라가 찬혁이에게 귓속말을 했다. 경찰관이 그 말을 들었는지 아이들을 위아래로 훑어보며 혀를 끌끌 찼다.

"저 저기 지금 몇 년도예요? 저희가……."

동진이가 말했다.

"뭐야? 지금 몇 년도인지도 모르는 거야?"

"꼴을 보니, 가출해서 여기저기 돌아다니며 사고 치는 놈들이 분명합니다. 보호자도 없고, 정말 골치 아픕니다."

"응, 괜히 피곤해지겠어. 그럼 일단, 내일 아침에 적응 센터로 보내는 거로 하자고. 아, 그리고 밖에 있는 괴박산지, 개박산지 좀 빨리 처리해 봐. 업무방해로 신고를 당했으면 고분고분 있지를 않고……."

경찰관들은 고개를 절레절레 흔들어 댔다. 그리고 아이들을 한쪽 방에 넣고 퇴근해 버렸다. 경찰서에 갇힌 채 얼렁뚱땅 하룻밤이 지나갔다.

다음 날 아침이 되자 문이 열리며 젊은 남자가 들어왔다. 그는 아이들을 데리고 경찰관과 함께 지하 통로를 이용해 낯선 건물로 향했다. 경찰서 지하와 연결된 곳, 회전문처럼 생긴 엘리베이터가 열리며 아이들을 3층으로 데려다 놓았다. 검사실이라고 쓰인 방으로 들어서니 의자와 책상이 여러 개 놓여 있고, 흰 가운을 입은 직원이 앉아 있었다.

"반갑다. 아니 반갑진 않군. 올해가 몇 년도인지도 모르고, 흔들면 딸랑딸랑 소리가 날 정도라지?"

아이들을 데리고 간 낯선 남자가 그제야 입을 열었다.

"아, 그 정도인가? 간혹 덜떨어진 아이들을 만나긴 하지만, 이렇게 많은 놈들을 한꺼번에 맡긴 처음이야."

사무실에 앉아 있던 직원도 아이들을 보고 비아냥댔다.

"여긴 너희들 같은 생활 능력이 없는 아이들에게 기본적인 생활 방법을 가르쳐 주는 곳이다. 일단 지적 수준부터 체크하도록 하지. 아는 대로 답해 보도록……. 자, 모두 머리에 이것을 쓰고 문제를 풀면 된다."

머리에 기기를 쓰자 화면 위에서 문제가 나왔다.

'우리나라의 이름은?'

"대한민국."

'우리나라의 수도는?'

"서울."

아주 기본적인 문제였다. 아이들은 풀면서도 어이가 없었다.

"어, 뭐야? 기본적인 것은 잘 알고 있는데? 그럼 조금 어려운 것 좀 풀어 볼까?"

남자가 카테고리를 바꾸자 수학 문제가 나왔다.

'$5-(6+4) \times 3 \div 10$'

"정답 2."

'$(7 \times 2)-(6 \div 3)+5$'

"정답 17."

사칙연산 계산하기

1. 계산 순서 나타내고 계산하기

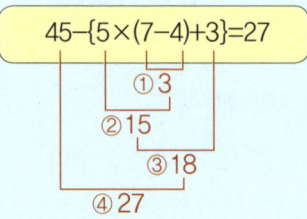

2. 식으로 나타내기

① 학생 30명이 5명씩 나누어 보트에 타고 각 보트에 노를 4개씩 나누어 주려고 한다. 준비해야 할 노의 수는 얼마인가?
30÷5×4

② 10,000원으로 500원짜리 사탕을 7개, 4개에 2,400원 하는 초콜릿을 8개 샀다. 남은 돈은 얼마인가?
10000−{(500×7)+(2400÷4)×8}

3. 식 만들고 계산하기

50에서 24와 15의 차를 2배 한 값을 더한 수
50+(24−15)×2=68

TIP. 분수의 나눗셈 계산

① 분모를 같게 하여 분자로만 나눠 주기
$\frac{1}{6} \div \frac{3}{4} = \frac{1 \times 4}{6 \times 4} \div \frac{3 \times 6}{4 \times 6} = \frac{4}{24} \div \frac{18}{24} = 4 \div 18 = \frac{4}{18} = \frac{2}{9}$

② 나누는 수의 분자와 분모를 바꿔 곱해 주기
$\frac{3}{8} \div \frac{5}{6} = \frac{3}{8} \times \frac{6}{5} = \frac{9}{20}$

아이들이 문제를 풀어내자 직원이 적잖이 놀랐다.

"오, 제법이군. 답을 맞히다니. 학습 능력이 초등학생 6학년 정도 실력은 되겠는데?"

그 외에도 여러 가지 수학 문제가 나왔지만, 아이들은 모두 정답을 맞혔다.

"생각했던 것보다는 훨씬 똑똑하군. 그럼 건강검진부터 해 볼까? 혹시나 이상한 바이러스 같은 것이 있으면 정말 골치 아픈데……."

직원이 이번에는 아이들을 침대에 눕혔다. 손에 이것저것 전선을 연결하더니 검사를 시작했다. 입에도 온도계처럼 생긴 무언가를 머금고 있게 했다. 아이들은 약 5분 정도 침대에 누워 있었다. 잠시 후 결과가 나왔는지, 여러 장의 종이를 직원은 찬찬히 살펴보았다.

"뼈는 모두 단단한 편이군. 머리뼈, 갈비뼈, 등뼈, 팔뼈, 다리뼈 모두 이상 없어."

"소화기관도 모두 별 이상이 없고. 음, 이 친구는 작은창자의 기능이 좀 약해 보이는군. 영양분 흡수가 잘 안 돼서 조금 빼빼한 편이야."

직원이 동진이를 살펴보았다.

"그다음 소화를 도와주는 간, 쓸개도 정상. 피를 옮겨 주는 심장과 혈관 등 순환기관도 정상. 코, 기관, 기관지, 폐와 같은 호흡기관도 정상이고. 배설기관은…… 오줌을 만드는 콩팥, 그리고 나머지 요도, 오줌관, 방광 모두 이상 없어."

우리 몸

우리 몸은 뼈와 근육, 소화기관, 순환기관, 호흡기관, 배설기관, 감각기관 등으로 구성되어 있다.

1. 뼈와 근육
뼈는 우리 몸을 지탱하고 내부 기관을 보호하는 단단한 물질로 뼈에 근육이 연결되어 근육의 수축, 이완작용을 통해 몸이 움직인다.

2. 소화기관 : 입, 식도, 위, 작은창자, 큰창자, 항문
소화 : 음식물을 잘게 쪼개어 몸에 흡수될 수 있도록 분해하는 과정
소화 과정 : 입-식도-위-작은창자-큰창자-항문
소화를 도와주는 기관 : 간, 쓸개, 이자

3. 순환기관 : 심장과 혈관
순환 : 심장에서 나온 혈액이 혈관을 따라 온몸을 거쳐 심장으로 돌아오는 과정

4. 호흡기관 : 코, 기관, 기관지, 폐
호흡 : 숨을 들이마시고 내쉬는 활동
호흡 과정 : 산소 흡입(코-기관-기관지-폐),
　　　　　 이산화탄소 배출(폐-기관지-기관-코)

5. 배설기관 : 콩팥, 땀샘
배설 : 우리 몸의 노폐물을 몸 밖으로 내보내는 과정
배설 과정 : 콩팥-방광-요도-몸 밖
　　　　　 땀샘-땀구멍-몸 밖
*양분 흡수가 끝난 대변을 몸 밖으로 내보내는 배출과 구분됨.

"그런데 왜 한 장이 아직 안 나오지?"

직원이 짜증을 부렸다. 다시 테스트해도 마찬가지였다.

"에잇, 또 고장 났나? 마지막 테스트를 해야겠군. 헬멧과 안경을 쓰도록."

아이들에게 벽장문을 열고 헬멧 4개를 꺼내 나누어 주었다. 헬멧에는 빨간색과 파란색 전선 2개가 연결되어 있었다. 헬멧은 아이들 머리에 쏙 들어갔다. 직원은 컴퓨터를 켜고 무엇인가를 쳐댔다.

"신경 측정까지 마쳤으니 일단 이렇게 보고하면 되겠어. 나머지는 알아서 하겠지. 우리 할 일은 여기까지……."

그는 아이들을 데리고 온 경찰관과 함께 대화를 주고받았다. 함께 있던 경찰관이 결과표를 보며 어디론가 전화를 걸었다.

"아저씨, 저희를 가두는 이유가 뭔가요? 저희는 아무 잘못이 없습니다."

경찰서로 돌아와서 찬혁이가 용기 있게 말했다.

"똘똘한 놈이군. 하지만 너희들은 주소지가 없어. 등록된 보호자도 전혀 없고 말이야. 미성년자이기 때문에 너희들을 돌보겠다는 사람이 없으면, 이곳에서 꽤 오랫동안 지내야 할 거야. 혹시 나가더라도 곧 다시 신고 당해 끌려 들어오겠지."

아이들은 암담했다. 자신들을 대변해 줄 사람이 아무도 없었다. 그렇게 경찰서에서 답답한 시간이 한참을 흐르고, 문이 열리며 말소리가 들렸다.

"이 아이들인가 보죠?"

아이들은 소리가 나는 방향으로 고개를 돌렸다. 선글라스를 낀 누군가가 들어오고 있었다. 박람회장에서 보았던 사람들의 옷차림이었다. 키가 큰 사내가 경찰관에게 눈짓을 했고 경찰관이 방을 나갔다.

"정식으로 내 소개를 하지. 난 메티스 제약 회사 보안 팀장 황금문이다."

"경찰 말을 들어보니 이곳 경찰서에서 아주 오랫동안 있어야 할 것 같더군. 그래서 말인데, 내가 너희들을 위해서 좋은 제안 하나를 할까 하는데……."

황금문이 잠시 말을 멈췄다가 계속 이야기를 했다. 선글라스

너머로 아이들을 쳐다보는 강한 눈빛이 느껴졌다.
 "우리 제약 회사는 아주 획기적인 약을 개발 중이다. 지금은 마지막 단계인데, 최종 인체 반응 실험을 하고 있지. 나의 제안은 한 달 동안 우리 사무실에서 지내면서 실험에 참여하는 것이다. 한 달 후 우수한 인재는 정식으로 보안 요원으로 참여할 수도 있다. 우리랑 같이 간다고 말하면, 경찰서에서 너희들을 풀어줄 거야. 어때 나랑 같이 가겠나?"
 "……."
 "대답을 못 하는군. 우리랑 같이 가는 게 좋을 텐데. 이곳 경찰서에서 평생 썩고 싶나? 우수한 인재로 발탁되면 정식 보안 요원이 될 수 있는 아주 좋은 기회지."
 그 순간이었다. 쿵, 큰 소리가 나며 문이 열렸다.
 "아니 뭐라고? 이 아이들을 선글맨으로 만든다고?"
 화가 난 표정의 대머리 아저씨가 문을 열고 들어왔다. 박람회장에서 만난 낯이 익은 모습이었다. 그리고 뒤를 이어 경찰관이 따라 들어오고 있었다.
 "아니, 멀쩡한 아이들을 경찰서에 잡아 가두고 이게 뭐 하는 짓이오?"
 "멀쩡하긴요? 얘들은 단체로 집을 나와 싸움이나 하는 아주 질이 안 좋은 아이들입니다. 게다가 사회 적응력도 전혀 없는 녀석들이오."
 "사회 적응력이 없다고? 누가 그렇게 검사를 했단 말이오? 내가 애들을 어제 본 적이 있는데……."

"그리고 이 녀석들은 보호자가 없어요. 어린아이인데 보호자가 없으면 경찰서나 보육원에서 관리하는 게 당연하지 않습니까? 그나마 공신력 있는 기관인 메티스 제약 회사에서 관리를 하겠다는 건데 뭘 그렇게……."

"그 관리라는 게 선글맨으로 만드는 것이오?"

괴박사가 큰 소리로 호통을 쳤다.

"아, 그러지 말고 내가 데리고 가도록 하지. 그럼 되는 거 아니겠소? 보호자가 없다고 약 검사에 선글맨이나 만들 생각을 하고, 보자 보자 하니깐 몹시 나쁜 사람들 아니오."

황금문은 아무 말 없이 다가가는 경찰관을 말렸다. 괴박사가 말하는 대로 모두 진행되었고, 아이들은 경찰서를 나올 수 있게 되었다.

"박사님이 무슨 사고라도 나면, 그것에 대한 모든 책임을 져야 할 것입니다."

"걱정 마시오. 모든 책임은 내가 지겠소."

괴박사는 경찰관이 뒤에서 건네는 종이를 받아 서명을 휘갈겼다.

"어제 이곳에 가방을 두고 가길 잘 했지. 멀쩡한 아이들을 선글맨으로 만들다니, 건망증도 때때로 도움이 되는군."

경찰관이 건네주는 가방을 휙 낚아채며 괴박사는 혼잣말을 했다. 그러고는 어떻게 해야 할지 몰라 주저하는 아이들의 손을 잡아끌어 자신의 차에 태웠다. 그의 본명은 박창의. 하지만 사람들은 괴짜 박사라고 하며 괴박사로 불렀다.

"그래 괴박사는 어떤가?"

그날 저녁 어두컴컴한 방에 앉아 누군가가 보고를 듣고 있었다. 아침에 경찰서에 왔던 황금문이 부동자세로 서서 이야기하는 중이었다.

"회장님, 괴박사가 계속 우리가 하는 일을 방해하고 있습니다. 아침에 소재가 불분명한 다섯 명의 아이들이 경찰서에 잡혀 있었는데, 약물 검사 및 선글맨이 되기 위한 아주 좋은 아이들이란 연락을 받고 바로 접촉을 하였습니다. 하지만 결정적인 순간에 괴박사가 나타나 방해를 하였습니다."

"또 방해를 하고 있다?"

회장이라 불리는 자는 인상을 찌푸리며 손가락을 까닥까닥했다. 그는 메티스 제약 회사의 회장 야쾨장이었다.

"그런 놈들은 아주 혼쭐을 내줘야 하지 않겠습니까?"

책상 모퉁이에서 음침한 목소리가 들렸다.

"오, 그런가. 사키?"

"그렇습니다. 모름지기 인간은……."

사키라 불리는 이가 모서리에서 모습을 드러냈다. 그는 어린아이처럼 키가 매우 작았으나 얼굴은 그렇지 않았다. 어른인지 아이인지 모를 이상한 얼굴로 야쾨장에게 씨익 웃으며 귓속말로 한참을 이야기했다. 야쾨장은 흐뭇한 듯 고개를 여러 번 끄덕였다.

황금문은 기분이 나빴다. 왠지 자신이 홀대받고 있다는 느낌이 들었다. 내색하지 않으려 애썼지만 굳어진 표정은 감출 수가 없었다.

'언제부터 나보다 저런 녀석의 의견을 귀담아들으신 거지? 저런 쥐방울처럼 생긴 녀석을……. 회장님이 변하셨어.'

황금문은 얼마 전부터 야쾨장이 무언가에 홀린 듯 이상하기만 했다.

"황금문? 왜, 불만이라도 있나? 난 사키랑 할 이야기가 있으니 나가보도록 해."

황금문의 떨떠름한 표정을 읽었는지 야쾨장이 말했다. 황금문은 고개를 숙이고 뒤돌아 문으로 향했다. 야쾨장의 뒤에서 음흉하게 웃고 있는 사키의 모습이 거울에 언뜻 보였다.

공부에 도움이 되는 수학·과학 톺아보기

★톺아보기란?
'자세히 살펴보다'라는 뜻의 순우리말입니다.

1. 다음 문장을 식으로 나타내세요.

   ❶ 100과 20의 차에서 60을 12로 나눈 몫의 2배만큼을 더한 수

   ❷ 90에서 7과 6의 곱을 뺀 후 30을 6으로 나눈 몫을 더한 수

2. 분수의 나눗셈을 계산하세요.

   ❶ $\frac{2}{3} \div \frac{2}{5}$

   ❷ $\frac{4}{7} \div \frac{1}{6}$

3. 우리 몸의 기관을 분류하여 놓은 것입니다. 알맞은 기관끼리 연결하세요.

   ❶ 순환기관 • • 위, 작은창자, 큰창자

   ❷ 소화기관 • • 심장, 혈관

   ❸ 배설기관 • • 기관, 기관지, 폐

   ❹ 호흡기관 • • 콩팥, 땀샘

괴박사의 집

 얼마 시간이 지난 후 아이들은 괴박사의 집에 도착했다. 도시에서 벗어난 한적한 시골이었다. 도시 빌딩 숲을 벗어나자 교외 지역이 나타났고, 산 밑 외딴곳에 집이 한 채 있었다. 삐죽빼죽 우스꽝스럽게 생긴 건물이 아이들을 맞이했다.
 "열려라 참깨!"
 "스르륵."
 괴박사가 큰 소리로 외치자 문이 활짝 열렸다. 깜짝 놀라는 아이들을 보며 괴박사가 미소를 지었다.
 "아까도 말했지만, 내 이름은 박창의이고, 아이큐 170, 창의

센터장들이 인정한 천재 과학자이자 전직 우주공학 연구소장이었지. 물론 지금은 백수지만, 흐흐흐."

　집 안으로 들어간 괴박사가 소파에 앉아 자신을 소개했다. 그의 말대로 우주공학 연구소장과 창의 센터장을 맡은 뛰어난 과학자였다. 약간 허술해 보이는 모습과 다르게 뛰어난 과학자가 분명했다. 한쪽 벽을 가득 장식한 수십 개의 위촉장과 공로패가 눈에 띄었다.

"목이 마르면 여기 줄을 잡아당기면 된단다. 이쪽 벽에 물을 먹기 위한 최첨단 시스템을 만들어 놨지. 물론 사람들은 완전 구닥다리라고 하겠지만 말이야."

괴박사가 벽에다 아주 복잡하게 설치해 놓은 장치가 눈에 들어왔다. 이것저것 다양한 기구들이 연결되어 있었다.

"어, 이거 골드버그 장치랑 비슷하네요."

"오? 골드버그를 아는구나. 효율성이 떨어지는 200년 전 구닥다리라고 요즘 아이들은 전혀 관심을 갖지 않던데 말이야."

"네?"

아이들은 소스라치게 놀랐다.

"왜 그러니? 지금이 2200년이니깐 한 200년 정도 됐지."

괴박사가 미소를 띠었다. 아이들은 그제야 2세기가 지난 미래 사회로 온 것을 알게 되었다.

아이들은 괴박사의 집 여기저기를 구경했다. 집 안 구석구석은 괴박사의 아이디어가 가득 차 있었다. 화장실 문을 열면 자동으로 불이 켜지고, 불이 켜진 후 손뼉을 두 번 치면 수도꼭지에서 물이 나왔다. 또, 변기에 5분 이상 앉아 있으면 엉덩이의 열에너지를 이용하여 자동으로 환풍기가 작동되며 냄새가 빠져나가도록 했다. 전기 포트에 커피 물을 끓이면 부글부글 끓는 수증기를 이용해서 커피 용기의 문이 열리며 일회용 분량의 커피가 컵에 쏟아졌다. 괴박사의 괴짜 아이디어에 아이들은 탄성이 쏟아졌다.

"정말 재미있어. 모든 게 에너지 전환으로 되어 있어."

재민이가 말했다. 아이들은 학교에서 배운 여러 가지 에너지 전환이 생각났다. '에너지는 죽지 않아. 다만 변할 뿐이지.'라고 했던 과학 쌤의 말씀이 떠올랐다.

골드버그 장치 만들기

1. **골드버그**
   미국의 만화가 루브 골드버그(Rube Goldberg, 1883~1970)가 고안한 기계장치로 단순한 결과를 얻기 위해 매우 복잡한 과정을 거치게 만들어 놓은 것, 엉뚱하지만 창의적이고 기발한 아이디어로 이루어진다.
   세계 일부 대학에서는 '골드버그 장치 만들기 대회'를 매년 개최하기도 한다. 예) 저금통에 동전 넣어 주는 기계, 알람시계 꺼 주는 기계 등

2. **선물을 들어 올리는 방법**
   (2007개정 교육과정 6학년 과학 교과서 참조)

① 고정도르래에 걸려 있는 실을 잡아당긴다.
② 불꽃을 막고 있던 철판이 위로 올라간다.
③ 실이 끊어지면서 모래주머니가 떨어진다.
④ 모래주머니가 지레에 떨어지면 지레가 움직여 막대가 위로 올라간다.
⑤ 위로 올라간 막대는 가위를 움직여 실을 자른다.
⑥ 실이 끊어지면서 쇠구슬이 아래로 떨어진다.
⑦ 지레에 매달려 있던 쇠구슬이 떨어지면, 지레가 오른쪽으로 기울어지면서 쇠공이 떨어진다.
⑧ 쇠공이 고정도르래에 매달린 바구니로 들어간다.
⑨ 바구니가 아래로 내려가면서 선물을 들어 올린다.

하지만 다른 방으로 가자 분위기가 사뭇 달라졌다. 컴퓨터와 최첨단 장비가 세팅된 연구실이었다. 커다란 서버가 방에 구축된 채 우주항공에 대한 컴퓨터 프로그램이 계속해서 작동하고 있었다.

"내 전공은 우주공학이란다. 아직 상용화엔 이르지 못했지만, 개인적으로 하늘을 날 수 있는 부스터를 개발했지. 이 슈트를 등에 차면 어디에서든 원하는 곳으로 자유롭게 이동하는 것이 가능하단다."

괴박사가 가방을 하나 들어 보였다.

"이 안에는 한 컵 정도의 물이 들어가게 되는데, 물을 수소와 산소로 분해 시키게 되지. 분해된 수소는 부스터의 연료로 사용하고, 산소는 대기권 밖 산소가 부족한 곳에서 숨을 쉬는 데 사용된단다. 그리고 이 옷은 모든 충격을 순식간에 옷의 표면이 흡수해 사람이 땅에 떨어질 때도 충격이 전혀 없게 특수 설계되어 있지."

찬혁이가 깜짝 놀라 입이 쩍 벌어졌다. 그 외에도 빛의 반사를 이용한 속임 가림막, 개인이 전류의 크기를 마음대로 조절하여 전기에너지를 얻을 수 있는 장치 등 신기한 게 많았다. 특허를 받으면 엄청난 돈을 벌 수 있었겠지만, 괴박사가 돈 버는 데 관심이 없어서 그냥 둔 것들이었다.

"우와, 대단하세요. 저쪽 방이랑은 분위기가 완전히 달라요. 박사님 천재 같은데요."

찬혁이가 괴박사의 발명품들을 작동해 보며 놀라워했다. 동

에너지

1. **에너지란?**

   일을 할 수 있는 능력

2. **에너지의 종류는 매우 다양하다.**

   전기, 위치, 운동, 빛, 열, 소리 에너지 등등

3. **에너지의 양**

   에너지의 양에 따라 일을 할 수 있는 정도가 달라진다. 에너지가 클수록 많은 일을 할 수 있다.

4. **에너지의 전환**

   에너지는 절대 사라지지 않는다. 다만 다른 에너지로 바뀔 뿐이다. 에너지가 전환될 때는 동시에 여러 에너지로 바뀌거나 여러 단계를 거쳐 전환된다.

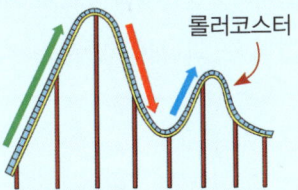

전기에너지 ⋯▶ 위치에너지
⋯▶ 운동에너지 ⋯▶ 위치에너지

전기에너지 ⋯▶ 열, 빛 에너지

전기에너지 ⋯▶ 운동, 열, 소리 에너지

진이와 세라는 엄지를 척 올렸다. 괴박사가 쑥스러워했다.

"사람들은 이 방의 발명품과 저 방의 여러 장치가 수준이 다르다고 생각하지. 하지만 적용되는 모든 과학적 원리는 똑같단다. 원리를 적용하여 창의적으로 점점 발전시켜 나아가는 거란다. 물론 이 박사님이 조금 똑똑하긴 하지만."

진지한 표정의 괴박사가 갑자기 씨익 웃었다. 장난기 있는 괴박사의 표정이 재미있었다.

괴박사는 아이들을 또 다른 곳으로 안내했다. 그곳에는 놀랍게도 아주 커다란 돔 모양의 방 안에 괴박사가 직접 설계한 지구와 하늘의 모습이 있었다. 그리고 동그란 도넛 모양의 기구가 설치되어 있었다.

"내가 가진 모든 돈을 털어 만든 곳이야. 이 안으로 들어가면 무중력과 인공중력 체험을 할 수 있단다. 곧 개인적으로 우주를 탐험하는 시대가 올 거야. 달은 이미 거의 개인 탐사가 상용화되고 있지."

"인공중력이요?"

"우주에 나가면 무중력 상태로 사람이나 물체가 우주선 안에서 둥둥 떠다니잖니? 그 무중력을 극복하기 위해 인공중력을 만들었지. 우주선을 고리 모양으로 만들어 인위적으로 회전시키며 원심력을 이용하여 중력을 느끼게 하는 거지. 저 안으로 들어가면 무중력과 인공중력을 모두 느낄 수 있단다."

"와~."

괴박사가 문 옆에 있는 스위치를 누르자 문 안쪽에선 동그란

원 모양의 공간이 빙글빙글 돌기 시작했다. 집 안에서 무중력 상태를 체험할 수 있는 곳이 있다니 놀라운 일이었다. 호기심이 생긴 찬혁이가 문을 열고 기구 안으로 들어가려고 했다.

"아, 이게 있어야 좀 나을 거야. 세라믹 자석이라는 건데 철뿐 아니라 모든 물체에 자석처럼 달라붙기도 하고 떨어지기도 하지. 여기 위쪽 버튼을 누르면 붙고 다시 누르면 떨어진단다. 한번 해 보렴."

괴박사가 찬혁이에게 물건 하나를 건넸다. 전해준 물체는 손으로 잡을 수 있도록 조그만 막대 모양으로 되어 있었다. 손가락으로 감싸 쥐고 버튼을 누르니 벽면에 철썩 달라붙었다. 그

리고 다시 누르니 자석의 N극과 N극처럼 서로를 밀어내며 떨어졌다.

"우와, 신기하다."

찬혁이가 세라믹 자석을 이용해 도넛 모양의 기구 안에서 이리저리 움직였다. 도넛이 돌아갈 땐 중력, 도넛이 멈추어서면 무중력 상태가 되었다. 중력과 무중력을 마음대로 체험하다니 너무 신이 났다.

"하하하, 그럼 재미있게 놀아라."

괴박사가 웃으며 밖으로 나갔다. 중력이 있을 때는 제대로 걸어 다녔지만, 무중력 상태가 되면 몇 초도 버티지 못하고 중심을 잃었다. 재민이와 세라, 동진이도 모두 마찬가지였다.

"내가 한번 해 볼까?"

소년이 세라믹 자석을 들고 벽에 붙었다. 이리저리 흔들렸지만 소년은 중심을 잘 잡아 버텨냈다. 중심 잡기가 어려울 땐 세라믹 자석을 이용했다. 손과 발로 벽을 지지해 가며 꽉 붙잡고 있는 모습이 흡사 영화 속 스파이더맨 같았다.

"오, 이거 재밌다."

점점 자석에 익숙해진 소년은 과감하게 다른 쪽 벽으로 점프를 했다. 그리고는 도넛 모양의 기구 안에서 마술을 부리듯 이 벽에서 저 벽으로 왔다 갔다 했다. 아이들은 놀라운 소년의 모습에 모두 박수를 쳤다.

"뭐야? 어떻게 하는 거야?"

"대단하다!"

"근데 넌 누구야? 아직 우린 너의 이름도 몰라."

잠시 망설이던 재민이가 소년을 보며 물었다.

"다들 반가워. 난 재롬이라고 해. 음, 이걸 보면 알 수 있으려나."

소년이 수줍게 웃었다. 그리고는 자신의 셔츠에 그려진 Z를 손가락으로 가리켰다.

찬혁이가 소스라치게 놀랐다.

"너…… 혹시? 설마…… 아, 아냐? 그럴 리가?"

뭔가를 말하려다가 찬혁이가 고개를 세차게 흔들었다.

"네 생각이 맞아. 지난번에 네가 구해 주었던…… 물론 그때는 고양이였지."

"아니 어떻게? 그때 문에 끼었었는데…….”

"말하자면 이야기가 길어."

마법 세상에서 인간 세상으로 들어온 재롬이 이야기를 시작했다. 아이들은 너무 놀라 아무 말도 하지 못했다.

"재로니스 이런 나쁜 놈 같으니라고, 콜록콜록."

호닉스는 재로니스를 쏘아봤다. 분노의 불꽃이 쏟아졌다. 옆에 있던 난쟁이가 황급히 말렸다.

"주인님 안 됩니다. 지금은 몸속의 에너지를 살피셔야 합니다. 저깟 고양이에게 에너지를 더 쓰시다니요. 주인님이 위험합니다."

"코올록 코……로……옥."

괴박사의 집 · 61

호닉스는 가슴을 움켜쥐고 연신 기침을 해댔다. 속 깊은 곳에서 올라오는 가래 섞인 소리가 들렸다. 그 와중에 부들부들 떨며 한 손은 재로니스를 향했다. 난쟁이가 급히 손을 잡았다.

"주인님 진정하십시오. 이미 이놈은 완전히 죽었습니다."

난쟁이가 축 늘어져 있는 재로니스를 발길로 걷어차 버렸다. 재로니스는 철퍼덕 소리를 내며 저 멀리 떨어졌다.

"자기 스스로 마법의 문에 깔렸는데, 어찌 살겠습니까?"

난쟁이가 눈알을 이리저리 굴려댔다.

"빨리 가시죠, 주인님. 일단 마법의 숲으로 가셔서 기운을 회복하셔야 합니다."

난쟁이가 호닉스 손을 잡아끌었다. 이미 모든 에너지를 소진해 버려 호닉스는 제대로 움직일 수가 없었다. 난쟁이가 호닉스를 부축했다. 호닉스는 난쟁이의 어깨를 짚고 한 걸음씩 사라졌다.

재로니스는 마음이 편안했다. 가쁜 숨을 몰아쉬며 눈가에 뜨거운 눈물이 흘러내렸다. 그리고 마침내 재로니스는 천천히 눈을 감았다.

얼마의 시간이 흘렀을까? 재로니스의 무의식 중에 어떤 소리가 들려왔다.

"재로니스, 정신 차려. 내가 보이느냐?"

눈을 뜨니 앞에 드라버가 보였다. 걱정스러운 눈길로 재로니스를 바라보고 있었다.

"이게 어……떻게……?"

재로니스는 묻고 싶었지만 목에서는 소리가 나오지 않았다. 드라버는 혹시나 하는 마음에 돌아와서 죽어가는 재로니스를 발견했다고 했다. 그때부터 드라버는 지극정성으로 재로니스를 돌보아 주었고, 완전히 죽은 줄 알았던 재로니스는 며칠 후 기적적으로 살아났다.

재로니스는 그날부터 완전히 달라졌다. 한낱 고양이에 불과한 자신을 돌봐준 드라버에게 충성을 다하겠다고 마음을 먹었다. 자포자기했던 마음을 다잡아 음식도 잘 챙겨 먹고 운동도 하며, 하루하루 건강해져 갔다.

"이제 제 주인님은 드라버님이십니다. 완전히 마음을 바꾸니 이렇게 좋을 수가 없습니다."

소년으로 변한 재로니스가 말했다.

"그래 건강해진 너의 모습을 보니 나도 기쁘구나. 또한, 착한 마법을 배워 보겠다는 너의 마음이 너무 기특하다."

드라버가 밝은 얼굴로 말했다.

"앞으로 몸이 좋을 땐 이렇게 소년의 모습으로 지내자. 너랑 말도 잘 통하고 나도 외롭지 않아서 좋구나."

드라버의 따뜻한 마음이 느껴졌다. 주인님이라 말고 그냥 아저씨라고 부르라고 했다. 자신을 하나의 인격체로 존중해 주는 마음에 감동이 밀려왔다. 재로니스는 자신의 장기인 변신술을 연마했다. 몸이 점점 좋아지며 시간이 갈수록 마법술이 살아났고, 호닉스 밑에 있을 때보다 더 강력한 마법 고양이로 탈바꿈했다.

찬혁이는 재롬의 이야기를 들으며 눈가가 빨개졌다. 자신 때문에 마법의 문에 끼었던 재롬이었다.

"그럼 모두 건강하신 거야?"

"응, 물론 나도 이렇게 건강해졌고, 드라버 아저씨도 잘 계셔. 너희가 아는 대로 호닉스는 불꽃의 절벽에 갇혀 마법의 힘을 잃어버렸고, 스승님도 물론 풀려 나셨지. 이건 너희들이 호닉스의 나쁜 마법의 힘을 없애준 덕분이야."

절로 기분이 좋아지는 이야기였다.

"아 참, 아저씨가 이걸 전해 주라고 하셨어."

아이들을 향한 마음이 담긴 드라버의 편지였다.

사랑하는 아이들아 오랜만이구나.

이번에는 너희들을 직접 보지 못하고, 이렇게 편지로만 안부를 전하게 되었구나. 이곳 마법 세상은 너희들의 도움으로 평화롭게 모두 잘 지내고 있단다.

그런데 얼마 전 이곳에 마법의 난기류가 일어나며 절대 퍼즐들이 여기저기로 흩어졌단다. 이 일 때문에 타임 퍼즐이 너희들을 미래 사회로 안내한 것 같구나. 시간에 문제가 생긴 것 같은데, 나도 계속 알아보마.

항상 몸조심하고, 어려운 일이 생기면 재롬이 도와줄 거야.

-드라버-

"타임 퍼즐? 타임 퍼즐이 뭐지?"

아이들은 드라버의 편지에 반가워하면서도 궁금한 것을 먼저 물었다.

"응, 타임 퍼즐은 절대 퍼즐 중 하나인데, 시간과 관련한 마법을 구사하는 퍼즐이야. 듣기론 시간과 관련한 문제나 복잡한 상황이 생기면 활동을 한대. 문제가 생기면 그것을 해결하기 위해 여기저기에 자신과 똑같은 타임 퍼즐을 만들고, 시간의 방과 문을 통해 자신을 연결한다고 들었어."

"아, 그럼 한라산에서 발견된 게 타임 퍼즐의 일종인가?"

"한라산에서 뭐가 발견됐어?"

이번엔 재롬이 깜짝 놀랐다. 아이들은 재롬에게 한라산에서 발견된 물체의 모습과 생김새, 책에 대해 자세히 이야기했다. 그리고 자신들이 보았던 물체가 타임 퍼즐과 같은 것임을 확신하게 되었다.

"타임 퍼즐을 손에 넣으면 시간과 관련된 엄청난 힘을 얻게 되고, 시간을 지배할 수도 있다고 들었어. 또, 그 안에 들어가면 시간 에너지가 흐른다는 말도 있고……."

아이들은 고개를 끄덕였다.

"하지만 타임 퍼즐을 잘못 건드리거나 문제를 해결하지 못할 때는 시간 속에 영원히 갇혀 버릴 수도 있대. 시간의 성격상 빈틈이 없어서 어떠한 실수도 용납하지 않기 때문이래. 모든 절대 퍼즐 중 가장 냉정하고 빈틈없는 성격을 지닌 거지."

재롬의 마지막 말은 아이들을 오싹하게 했다.

그날 아이들은 괴박사의 집에서 저녁을 먹었다. 배가 고팠던 아이들은 한 그릇씩 뚝딱 모조리 비워 냈다.

"약으로 영양을 때우거나 늘 혼자 먹다가 너희들과 같이 먹으니 기분이 좋구나."

식사를 하며 괴박사는 매우 즐거워했다. 그리고 아이들과 많은 대화를 나누었다. 박람회장에서 많은 전개도를 찾았던 이야기를 하며 아이들이 생각하는 힘을 가지고 있다고 칭찬했다.

"오랜만에 생각하는 힘을 가진 유쾌한 너희들을 만나니 기분이 좋구나. 허허허."

괴박사는 아이들을 바라보며 웃음을 지었다. 아이들과 괴박사는 꽤 친밀감을 느끼고 있었다.

공부에 도움이 되는 수학·과학 톺아보기

★톺아보기란?
'자세히 살펴보다'라는 뜻의 순우리말입니다.

1. 미국의 만화가 루브 골드버그가 고안한 기계장치로 단순한 결과를 얻기 위해 복잡한 과정을 거치게 만들어 놓은 장치의 이름은 무엇인가요? 그리고 나만의 장치를 구상하여 보세요.

2. 일을 할 수 있는 능력을 에너지라고 합니다. 우리가 주변에서 볼 수 있는 에너지의 종류를 3개 이상 써 보세요.

3. 에너지 전환이 이루어지는 경우를 2개 써 보세요.
   예) 전등 : 전기에너지 -> 열 에너지, 빛 에너지

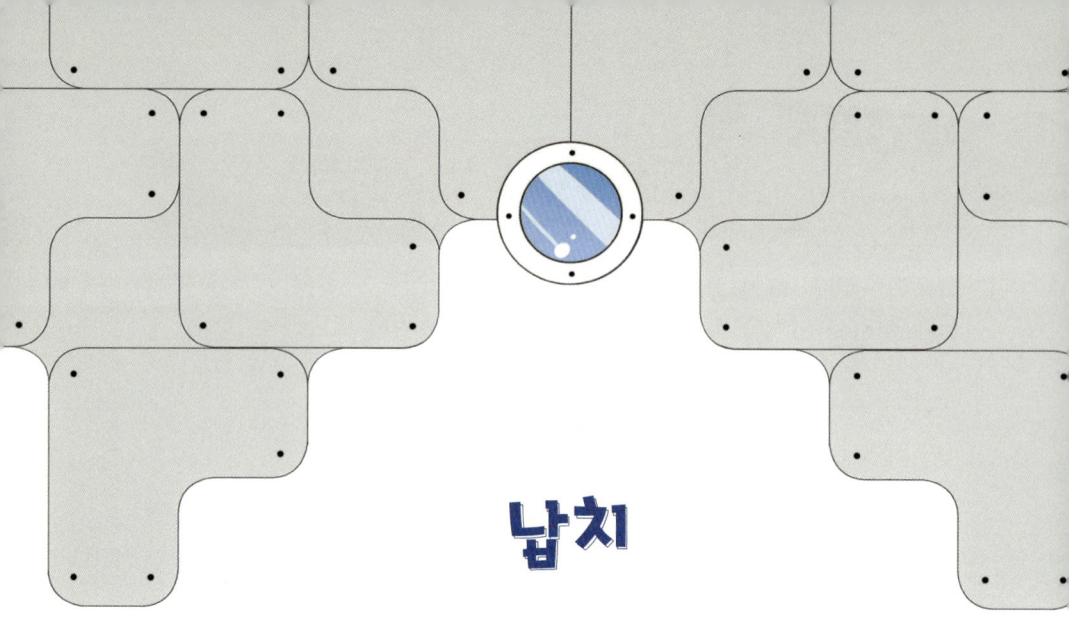

납치

"띵똥띵똥."

어둠을 뚫고 괴박사의 집에 초인종이 울렸다. 문을 열어 보니 웬 건장한 사내가 문 앞에 서 있었다.

"안녕하십니까? 흠흠, 괴박사님 맞으시죠?"

"아, 네 그렇소만."

"걱정이 되어서 늦은 시간에 찾아뵙게 되었습니다. 흠흠. 저는 메티스 제약 회사의 문제에 대해 수사하고 있는 탐정 박허당이라고 합니다. 메티스 제약 회사와 괴박사님의 관계가 안 좋은 거로 알고 있는데, 혹시 요즘 신변의 위협을 느낀 일은 없습니까? 흠흠, 미행을 당한다거나 말이죠."

"아, 있소. 그렇지 않아도 요즘 여러 일을 겪고 있소. 어서 들어오시오."

박 탐정은 습관적으로 흠흠을 반복했다. 괴박사는 박 탐정을 집 안으로 안내했다.

"사실 어제 박람회장에서부터 괴박사님을 먼발치에서 지켜보았습니다. 하루 종일 괴박사님 뒤를 두 남자가 미행하며 차까지 따라 다니더군요. 그리고 괴박사님 차에 쪽지도 남겨 두었고요, 흠흠."

박 탐정이 스스로 뿌듯해하며 말했다.

"아, 그 쪽지. 지금 나에게 있소."

괴박사는 주머니에서 주섬주섬 무언가를 꺼냈다. 구겨진 쪽지를 보여 주었다.

> 괴박사 당신, 요즘 너무 나대고 있어. 행동을 조심하길……

"나도 사실 메티스 제약 회사에서 한 것이라고 눈치는 채고 있었소."

괴박사는 낮은 목소리로 말했다.

"당신도 들었겠지만, 메티스 제약 회사에서 암기력이 좋아지는 암기약과 어떤 계산도 바로 할 수 있는 계산약을 만들었다더군. 그런데 내가 그 약을 반대하고 있으니, 내가 눈엣가시겠지."

"어제 박람회장에서 보았던 그 약이군요."

아이들은 깜짝 놀랐다.

"맞아, 거기서 만든 유명한 약 중에 빨간약과 파란약이 있는데, 빨간약은 암기 과목을 공부하기 전에 먹고, 파란약은 계산 과목을 공부하기 전에 먹는다고 하더군. 정말 말도 안 되는 소리지. 그것들은 사람을 바보로 만들 뿐이야. 그것에 의존하면 의존할수록 어떤 문제를 통찰하거나 창의적으로 해결하는 능력은 없어지겠지."

괴박사의 이야기를 들으며 아이들은 미래 사회의 모습을 볼 수 있었다. 괴박사의 걱정대로 생각하기 싫어하고, 호기심을 갖지 않는 그런 세상이 되어 가고 있었다.

"그런데 박 탐정께서는 왜 메티스 제약 회사의 일을 수사하는 거죠?"

"아, 저는 메티스 제약 회사가 요즘 폭주하고 있다는 정보를 접했습니다. 굉장히 문제가 많아지고 있다고 하더군요. 그래서 관련된 정보를 수집하고 있습니다. 자, 일단 여기부터 확인 좀 하겠습니다."

박 탐정은 자리에 앉아 가방에서 무언가를 꺼내 스위치를 켰다. 잠시 후 요란하게 벨이 울렸다. 도청되는 음파를 탐지하는 기계였다.

"이런, 계속 도청 중이었군요. 원거리에서도 이곳에 레이저를 발사해 음파를 잡아내면 손쉽게 도청할 수 있지요."

박 탐정은 괴박사를 바라보며 천장 한가운데 조그맣고 동그란 기기를 붙였다. 사방으로 강력한 주파수를 발생시켜 도청을 방지하는 음향 장비였다.

　박 탐정은 괴박사와 이야기를 계속하며 가방에서 검은색 장비를 꺼내 무언가를 작동시켰다. 그리고 괴박사와 아이들에게 기계를 나누어 주었다. 미세한 단위까지 위치를 파악할 수 있는 위치 추적기였다.

　"앞으로 무슨 일이 있으면 경찰서로 연락하지 마시고, 저에게 직접 하세요. 흠흠. 아마 그게 빠르고 정확할 겁니다. 또, 제가 그 회사에 갚아야 할 빚도 좀 있거든요. 아주 혼쭐을 내놓겠습니다."

박 탐정은 자신감이 가득 차 있었다.

'허세가 가득하지만 왠지 밉지는 않군.'

괴박사는 슬며시 웃음이 나왔다. 박 탐정은 한 시간쯤 머물며 좀 더 이야기하다 돌아갔다. 그날 밤 화장실에 가려고 나온 재롬에게 수화기 너머로 들리는 아주 작은 목소리가 들렸다.

"용케 도청을 찾아냈군. 하지만 당신, 우리의 경고를 무시하지 않는 게 좋을 거야. 계속 지켜보고 있다는 것만 명심해."

"이 자식들이 보자 보자 하니깐 사람을 뭐로 보고."

잠시 후 무언가를 세게 내리치는 소리와 함께 씩씩거리며 화내는 괴박사의 소리가 집 안에 울려 퍼졌다.

다음 날 일어나 보니 약속이 있는 듯 괴박사가 옷을 차려입고 있었다. 피곤해서 늦게 일어난 세라가 어디에 가는지 물었다.

"응, 오늘 언론사와 급하게 인터뷰를 잡았단다. 이놈들이 나를 뭐로 보고 자꾸 협박을 해대는구나. 내가 그렇게 만만한 줄 아나 보지. 내가 본때를 보여줄 테다."

"괜찮으시겠어요?"

걱정하며 아이들이 물었다.

"괜찮다마다. 내가 위축될 줄 알고 이런 짓을 하는 것 같은데, 아이들을 망치는 이상한 약을 파는 것은 꿈도 꾸지 못하게, 아주 제대로 떠들어 줘야겠어."

괴박사가 단단히 결심한 모양이었다. 괴박사는 어제 입었던 옷을 그대로 입고 넥타이를 대충 맸다. 그리고 스킨로션을 손바닥에 툭툭 친 후 얼굴에 쓰윽 쓰윽 문질러댔다. 어른들이 바르는 특유의 진한 화장품 냄새가 풍겼다.

"11시에 인터뷰니까, 늦어도 1시까진 집으로 올 거야. 그때 점심밥을 같이 먹자꾸나. 만약 늦어지면 내가 다시 전화하마."

괴박사는 용돈과 함께 아이들에게 핸드폰 하나를 건네주었다. 그가 업무용으로 가지고 다니는 핸드폰이었다.

괴박사가 나가고 식탁을 보니 괴박사의 메모가 눈에 띄었다.

> 한국 언론사 정문 커피숍. 11시 인터뷰.

아이들은 괴박사를 기다리며 놀기로 했다. 괴박사의 집은 뒷마당도 넓고 아이들이 놀 거리가 많았다. 재롬은 여러 가지 운동 능력이 탁월했다. 내심 고양이 인간의 운동신경이 궁금했던 찬혁이가 재롬에게 물었다.

"재롬, 넌 우리보다 운동신경이 엄청 좋잖아. 점프는 어느 정도까지 할 수 있어?"

"음, 내 키의 5배 정도? 뛰면서 손을 짚는다면 한 10배 정도는 오를 수 있을 것 같은데."

"우와, 키의 10배라고 하면 1,500cm 그럼 15m? 15m면 아파트 한 5층쯤 되는 건가?"

재롬이 쑥스럽게 말하자 아이들의 입이 떡 벌어졌다.

"음, 또 후각이 발달해서 냄새도 잘 맡을 수 있지. 섞여 있는 여러 가지 냄새라도 하나씩 분류해서 냄새나는 곳을 찾아낼 수 있어. 여러 가지 자극에 대한 감각기관의 반응이 민감한 편이지."

> ### 자극에 대한 반응

감각기관
눈(시각), 귀(청각), 코(후각), 혀(미각), 피부(촉각)

말초신경계
감각기관이 받아들인 정보를 뇌를 포함한 중추신경계로 전달하고, 뇌의 명령을 운동기관으로 전달한다.

중추신경계
감각기관에서 받아들인 정보를 해석하여 행동을 결정하고 운동기관에 명령을 내린다.

자극에 대한 반응 과정
자극–감각기관–말초신경계–중추신경계(뇌 포함)–말초신경계–운동기관–반응

"우와~."

아이들이 입을 벌린 채 재롬을 그대로 쳐다보았다.

"아무래도 운동 능력이나 감각신경은 너희들보다는 좋을 것 같아."

갑자기 재롬이 벽을 향해 구슬을 던졌고, 달력의 오늘 날짜에 정확히 명중했다. 대단한 솜씨였다. 다른 아이들도 과녁을 그려 연습했지만, 백발백중인 재롬이 말고는 아무도 제대로 과녁에 맞히지 못했다.

"이론적으로라면 자극–감각기관–말초신경–중추신경–말초

신경-운동기관-반응 이렇게 되는데, 난 왜 이렇게 잘 안 되지?"

찬혁이가 구슬을 던지며 머리를 긁적였다. 과학 시간에 배운 대로 반응이 이루어지는 순서에 따라 차근차근 따라 하려고 했지만, 생각대로 잘되지 않았다.

한참을 밖에서 놀던 아이들이 안으로 들어갔다. 괴박사의 책꽂이 한쪽엔 빛바랜 모스부호 암호표도 있었다. 아이들은 모스부호도 치고, 마지막에 풀었던 절대 퍼즐의 암호 만들기도 하며 한참을 놀았다. 암호에 있어선 찬혁이가 압도적이었다. 지난번 암호 백과를 모두 읽고 암호에 통달해 암호 박사로 불리고 있었다. 놀다 보니 어느새 1시가 훌쩍 넘어 있었다.

"뚜뚜뚜 뚜뚜 뚜 뚜뚜."

찬혁이가 모스부호로 'hungry'를 손가락으로 치며 괴박사에게 전화를 했다.

"많이 기다렸지? 인터뷰가 조금 길어져서 지금 출발하는구나. 조금만 기다려다오."

괴박사가 밝은 목소리로 말했다. 그때 갑자기 괴박사의 놀란 목소리가 들렸다.

"앗, 당신들 누……?"

"뚜 뚜 뚜."

괴박사의 전화가 갑자기 끊어졌다.

"여보세요? 여보세요? 박사님."

찬혁이가 다급히 괴박사를 다시 불렀지만, 수화기 너머론 끊

긴 통화음 소리만 들렸다. 깜짝 놀란 찬혁이는 다시 전화를 했다. 하지만 이미 괴박사의 전화기는 전원이 꺼져 있었다. 옆에 있던 아이들이 모두 놀라 찬혁이 주위로 몰려들었다. 찬혁이는 아이들에게 방금 있었던 일을 이야기했다.

"아무래도 박사님께 무슨 일이 생긴 것 같아."

재민이가 걱정스러운 눈빛으로 말했다.

"혹시라도 나쁜 일이……?"

"어제 박 탐정 아저씨도 오셨었고, 수상한 사람들이 계속 미행한다고 했잖아."

"납치라도 되셨다면······."

아이들은 서둘러 택시를 불렀고, 재롬은 구슬을 한 움큼 주머니에 넣었다. 드론에 자신 있던 동진이는 괴박사의 집에 있는 드론 조종기를 챙겨 괴박사가 인터뷰를 했던 커피숍으로 목적지를 입력했다. 인공지능이 탑재된 드론은 최첨단 센서를 이용해 목표 지점까지 5D 지도를 만들고, 비행 계획을 스스로 세워 자율적으로 날아올랐다.

아이들이 택시를 타고 커피숍에 도착했을 때는 인터뷰했던 사람들은 아무도 보이지 않았다. 커피숍 직원이 30분 전에 모두 인터뷰를 끝내고 헤어졌다고 했다. 아이들은 곧바로 주차장으로 가 보았다. 주차장에는 괴박사의 차가 그대로 있었다.

"얘들아, 여기 좀 봐."

세라가 무언가를 들고 있었다. 반짝이는 배지였다.

"이게 괴박사님의 차 아래에 떨어져 있었어."

"MTS?"

재민이는 낯이 익었다.

"아! 이 로고는 어제 말씀하신 나쁜 약을 팔던 회사 아니야?"

박람회장에서 보았던 바로 그 회사, 메티스 제약 회사 영문 이니셜도 MTS였다.

"정말 납치 당하셨나?"

"응, 아무래도 박사님이 차 앞에서 전화를 받다가 끌려가신 것 같아. 그러다 옷에 있던 배지가 떨어졌겠지."

세라의 추리에 상황이 그려졌다. 일리 있는 말이었다. 박 탐정이 자신들에게 주고 간 위치 추적기를 켰다. 괴박사의 신호가 메티스 제약 회사 안에서 깜빡거리고 있었다.

"그럼 우리가 직접 가서 증거를 확보해 볼까? 어때?"

재롬이 씨익 웃었다. 마법 고양이의 본능이 꿈틀댔다.

"그래. 괴박사님이 없으면 현실 세계로 돌아가기도 힘들 것 같은데, 일단은 한번 가 보자."

아이들은 다시 택시를 잡고 괴박사가 잡혀 있는 메티스 제약 회사로 향했다.

한편 그 시간 괴박사는 아이들의 추리대로 메티스 제약 회사에 납치되어 구석진 방에 갇혀 있었다. 눈엣가시 같은 괴박사의 일거수일투족을 감시하고 약점을 찾던 메티스 제약 회사가 결국엔 인터뷰를 마치고 차에 타려던 괴박사를 납치까지 한 것이다.

그가 갇혀 있는 방 앞에는 두 명의 선글맨이 그곳을 지키며 이야기를 주고받고 있었다. 선글맨들은 머리에 오른쪽 가르마를 타고, 꽉 끼는 검은색 제복에 흰색 와이셔츠, 그리고 검은색 선글라스를 끼고 있었다. 얼굴엔 무언가를 바른 듯 반질반질했으며, 짙은 색 선글라스로 눈빛은 밖으로 잘 보이지 않았다.

"이제 괴박사는 어찌 될까요?"

"팀장님 명에 따라 데리고 왔으니, 따로 지시가 있겠지."

이들은 괴박사의 집에 도청 장치를 달고, 몰래 뒤쫓으며 염탐했던 사람들로 괴박사의 뒤만 한 달 넘게 따라다닌 괴박사 전

담맨들이었다.

"아, 그리고 빨리 그것도 보고해야 할 텐데."

그때 어두운 복도 끝에서 모자를 쓴 검은 실루엣이 저벅저벅 소리와 함께 점점 가까이 다가왔다. 선글맨들은 재빨리 입을 다물었다. 발소리는 괴박사의 방 앞에 와서 멈췄다. 팀장 황금문이었다.

"괴박사 상태는 어때?"

"아직 이곳이 어디고, 왜 여기에 있는지 전혀 모르는 상태입니다. 이제 곧 마취에서 깰 때가 되었습니다."

황금문은 고개를 끄덕였다.

"그런데 팀장님 보고드릴 게 있습니다."

선글맨은 도청된 녹음 파일을 팀장의 귀에 들려주었다. 어젯밤 아이들이 말했던 이야기들이었다. 박 탐정에 의해 발견되기 전 도청 음파로 녹음된 내용, 마법, 시간의 문, 절대 퍼즐 등 이상한 이야기가 많았다.

"오호, 재미있는 놈들이군."

팀장은 아주 흥미롭다는 듯 웃은 후 쓰윽 문을 열었다. 안에 있던 괴박사가 정신을 차리고 그를 바라봤다.

"이제 정신이 드시오? 몸이 생각보다 부실하군. 그깟 적은 양의 마취제에 이리 오래 정신을 잃다니……."

"당신들 도대체 누구요?"

"똑똑하신 괴박사님이 아직도 우리가 누군지 모른단 말입니까? 바로 눈치를 채실 줄 알았는데 실망입니다. 그렇게도 잘난

체를 하시더니……."

"메티스 제약 회사 사람들이오?"

"우리가 경고했지 않습니까? 더 이상 나불거리지 말라고. 그렇게 주의를 줬는데도, 또 언론사와 인터뷰를 하고. 우리의 인내심도 한계가 있지 않겠습니까? 아무튼 이곳에서 곰곰이 생각해 보시오, 당신이 무엇을 잘못했는지. 나중에 또 오겠소."

팀장은 뒤돌아 밖으로 나가 버렸다. 철커덕 소리가 나며 문이 닫혔다. 방 안에 있던 괴박사는 주위를 둘러봤다. 책상 하나에 의자 하나가 옅은 불빛에 덩그러니 놓여 있었다.

"이 나쁜 놈들……."

괴박사는 어금니를 꽉 깨물었다. 꼭 묶인 손이 욱신욱신 아파 왔다.

공부에 도움이 되는 수학·과학 톺아보기

★톺아보기란?
'자세히 살펴보다'라는 뜻의 순우리말입니다.

1. 우리 몸에 있는 감각기관의 종류를 3개 이상 써 보세요.

2. 감각기관에서 받아들인 정보를 해석하여 행동을 결정하고 운동기관에 명령을 내리는 신경계의 이름은 무엇인가요?

3. 자극에 대한 반응이 이루어지는 과정을 생각하며 ( ) 안에 알맞은 단어를 써넣으세요.

자극 − ( ) − 말초신경계 − 뇌를 포함한 중추신경계 − 말초신경계 − ( ) − 반응

메티스 제약 회사 안으로

 메티스 제약 회사는 도심지를 벗어나 외곽에 있었다. 약 30분 정도 택시를 타고 가니 메티스 제약 회사라는 커다란 간판이 보이기 시작했다. 담장으로 둘러쳐진 회사 안에는 커다랗고 뾰족한 건물 하나가 세워져 있었는데, 메티스 제약 회사가 자랑하는 뿔 빌딩이었다.
 택시에서 내려 동진이가 드론을 띄워 올렸다. 지리 감각이 좋은 동진이는 수준급의 드론 조종 실력을 갖추고 있었다. 연구소 안의 전경이 수신기 화면으로 한눈에 들어왔다. 정문 한쪽 길에는 연구소에 들어가려는 커다란 트럭 한 대가 세워져 있었다. 운전사가 잠시 차를 세우고 전화 통화를 하고 있었다. 동진이는 드론을 내려 트럭 환풍구를 통해 트럭 내부까지 자세히 살폈다.

"얘들아, 이렇게 해 보자."

드론 조종을 마친 동진이가 아이디어를 냈다. 아이들과 둘러앉아 소곤소곤 작전을 짰다. 잠시 후 모두 자리를 박차고 일어났다.

"오케이, 그럼 지금부터 작전 개시!"

세라가 먼저 전화를 마친 운전사에게 길을 묻는 척하면서 시간을 끌었고, 그 사이 재롬은 아주 유연하게 트럭 옆에서 점프하여 짐칸 위로 폴짝 뛰었다. 그리고 몸을 작게 변신해 트럭 위 환풍구 안으로 숨어들어가 짐칸 문을 열었다. 아이들도 서로를 도와 재빠르게 짐칸에 올라탔다.

트럭 안에는 가지런히 정렬된 유니폼들이 치수별로 빼곡히 걸려 있었다. 특별히 소년 요원들을 위한 것들이었다. 제복들과 함께 소년 요원에 대한 자세한 설명과 프로필 등이 나와 있는 자료도 볼 수 있었다.

아이들은 자기 치수에 맞는 옷을 하나씩 챙겨 입고 상자에 담겨 있는 선글라스를 꼈다. 그리고 차가 멈추어 있는 틈을 타서 아이들은 연구소 안으로 몰래 숨어드는 데 성공했다.

"이쪽 좌표야."

탐정이 주고 간 작은 태블릿에 괴박사의 위치가 잡혔다. 하지만 선글맨들이 가지고 있는 아이디 카드가 있어야만 건물 안으로 들어갈 수 있었다.

"아, 어떡하지? 잠시만 여기서 기다려."

재롬이 무언가 생각이 있는지, 아이들만 남겨두고 어디론가 사라졌다. 그리고 잠시 후 손에 무언가를 흔들며 나타났다. 그것은 건물 안으로 들어갈 수 있는 바로 그 아이디 카드였다.

"와, 너 대단하다. 이거 어떻게 구한 거야?"

찬혁이가 물었다.

"하하, 그냥 뭐 오랜만에 실력 발휘 좀 했어."

"우리도 좀 보여 주지."

찬혁이는 재롬의 활약을 직접 보고 싶었지만 그러지 못하는 게 아쉬웠다. 재롬이 구해 온 아이디 카드를 목에 걸고 선글라스까지 쓰자 제법 그럴듯한 소년 요원처럼 보였다.

"이럴 때일수록 당당하게 다녀야 해."

아이들은 연구소 안으로 들어가 어깨를 펴고 고개를 든 채 걸었다. 건물 안 일반 직원들은 아이들을 보고도 크게 신경 쓰지 않았다. 아이들은 성큼성큼 걸어 들어가 기다란 복도를 거쳐 엘리베이터를 탔다. 일단 맨 꼭대기 층으로 가서 차근차근 살펴볼 생각이었다. 그때 재롬이 코를 킁킁댔다.

"앗, 이건 아침에 괴박사님이 바르던 스킨로션 같은데……."

재롬이 말했다. 엘리베이터 안에 머물러 있던 냄새를 찾아낸 것이다. 재롬의 예리한 후각이 번뜩였다.

"정말?"

놀란 세라가 물었다. 아이들에겐 전혀 느껴지지 않았다.

"응, 분명해. 이곳 엘리베이터 안에 분명히 괴박사님의 냄새가 남아 있어."

재롬은 예리한 눈으로 여기저기를 살펴보았다. 남아 있는 괴박사의 흔적을 찾고 있었다.

"괴박사님은 이쪽 중앙에 있었던 것 같아. 그리고 그 옆으로 다른 사람 두 명이 있었고, 이곳 중앙에서 괴박사님의 향기가 가장 많이 남아 있어. 다른 약품 냄새와 함께."

원래 뛰어난 고양이의 후각에 재롬이 특유의 예리함이 더해지며 계속 냄새를 추적해 갔다. 냄새의 흔적은 10층까지 이어졌다. 10층의 기다란 복도 끝에서 괴박사의 냄새가 멈췄고, 그

곳엔 선글맨 두 명이 방 앞을 지키고 있었다.

"저기 있는 게 분명해."

위치 탐지기와도 정확히 일치했다. 재롬이 계단 밑에 숨어 그곳을 지켜보았다. 잠시 상의를 마치고 이번에는 재롬과 찬혁이가 나섰다. 뚜벅뚜벅 선글맨들에게 당당히 걸어갔다.

"괴박사가 잘 있는지 보고 오라는 회장님의 특별 지시입니다."

"팀장님께서 조금 전에 보고 가셨는데, 또 보고 오라고 했단 말입니까?"

"회장님께서 자주 괴박사를 확인해 보라고 비서실을 통해 직접 지시하셨습니다. 빨리 열어 주십시오. 시간이 없습니다."

찬혁이와 재롬은 트럭 안에서 보았던 소년 요원 팸플릿처럼 흉내를 내었다. 까맣게 속은 선글맨들이 비밀번호를 눌러 괴박사가 있는 곳의 문을 열었다. 찬혁이는 기회를 놓치지 않고 비밀번호를 훔쳐본 후 괴박사가 있는 방 안으로 들어갔다. 괴박사는 많이 지쳐 보였다. 재민이와 찬혁이는 괜스레 들어와 방을 한 바퀴 돌았다.

"오, 이제 됐습니다. 괴박사가 잘 있는 것을 확인했으니, 회장님께 가서 보고하도록 하겠습니다."

"알겠소. 어서 가 보시오. 회장님께 우리 이야기도 잘 해 주시오."

찬혁이는 고개를 천천히 끄덕이고 나오며 문을 닫았다. 그리고 손짓으로 보이지 않게 비밀번호를 알려 주고 선글맨들을 한쪽으로 유인했다. 그 틈을 타 아이들은 괴박사의 방으로 몰래 들어갔다.

"박사님!"

재민이가 입을 막고 괴박사의 손을 잡았다. 깜짝 놀란 괴박사가 눈을 동그랗게 떴다.

"어서요."

동진이가 문 쪽에서 망을 보며 재촉했다. 살금살금 소리가 나지 않게 빠져나왔다. 앞쪽에 엘리베이터가 보였다. 엘리베이터에 가까이 다가갈수록 뒤통수가 간질간질했다. 고작 10여 미터를 가는 2~3초 동안 긴장감에 손바닥에 땀이 흥건해졌다.

그 순간이었다.

"웨엥 웨엥~."

갑작스럽게 건물 안에 긴급 사이렌이 울렸다. 여기저기서 떠들썩한 소리와 함께 온 건물이 시끄러워졌다.

"이런 들켰나 봐."

재롬과 찬혁이가 도망쳐서 나오고 있었다. 재롬은 가지고 있던 구슬을 선글맨에게 던졌다. 목을 정확히 맞은 선글맨들이 숨을 못 쉬고 목을 잡고 캑캑거렸다. 엘리베이터를 타려던 아이들은 비상구로 급히 돌아 계단으로 내려갔다. 두어 층을 더 내려가니 복도가 여기저기로 이상하게 꺾여 있었다.

"이곳은 뭐지? 일단 빨리 뛰어."

오른쪽에서 왼쪽으로, 다시 왼쪽에서 오른쪽으로 재빠르게 돌아가니 드디어 밖으로 나가는 문 같은 게 보였다.

"저, 저기야."

아이들은 모두 그 문으로 들어갔다. 괴박사도 재빨리 따라 들어갔다.

"어, 이 방향이 아닌 것 같은데."

머릿속에서 방향을 잡고 있던 동진이가 고개를 갸웃거렸다. 하지만 다른 방법이 없었다. 모두 앞만 향하여 뛸 수밖에 없었다. 그때, 갑자기 여기저기서 웅 소리가 나며 문이 닫히는 소리가 들렸다. 복도에 있는 천장 곳곳에서 철컥철컥 문이 내려왔다. 아이들은 이리저리 왔다 갔다 허둥댔다. 그사이 사방에서 내려온 문은 아이들을 그대로 가두어 버렸다.

"머리들이 생각보다 나쁘군. 기껏 열심히 도망치더니……."

갑자기 위쪽에서 소리가 들렸다. 아이들은 소리가 나는 천장을 향해 고개를 들었다. 환한 빛과 함께 천장의 화면에서 황금 문이 나타났다.

"네 이놈, 문을 열지 못할까? 회장 어디 있나? 야쾨장 나오라고 해."

괴박사가 소리쳤다.

"허허, 왜 이렇게 예의가 없나? 회장님의 이름을 그렇게 함부로 부르다니, 그렇게 나오고 싶다면 내가 내보내 주지."

틱! 화면이 꺼지고 얼굴이 사라졌다. 그리고 갑자기 바닥이 삐걱거리면서 흔들리기 시작했다. 덜컹거리며 이리저리 요동을 쳤다. 괴박사와 아이들은 중심을 잡지 못하고 엉덩방아를 찧으며 바닥에 넘어졌다.

"철컥철컥."

공간이 움직이며 여기저기서 무언가 짜 맞춰지는 소리가 들렸다.

"끼이익 척척."

아이들이 있던 공간은 여러 개의 문이 생겨나며 자연스럽게 새로운 공간으로 나누어졌다. 그리고는 바뀐 새로운 공간은 건물로 난 길을 따라 어디론가 움직였다. 밑에 바퀴라도 달린 듯 부드러웠다.

"어……."

한참을 움직이던 공간이 갑자기 멈추어 섰다.

"우당탕 우당탕."

문이 열리고 아이들은 어딘가의 방 안으로 떨어졌다. 꼼짝없이 또 다른 방에 갇혔다. 그렇게 한참의 시간이 지났다.

"건물 안에서 소란이 났다고 해서 봤는데, 바로 자네더군. 친구 오랜만이야, 흐흐."

갑자기 기분 나쁜 웃음이 들리더니 홀로그램이 나타났다. 반듯한 회색 양복을 입고 희끗희끗한 머리에 중절모를 쓰고 있었다.

'친구?'

아이들은 놀라서 서로 눈을 마주 봤다.

"박창의, 이게 도대체 몇 년 만인가? 30년도 더 지난 친구를 여기서 만나다니, 반갑군. 아 아니지. 이런 불편한 곳에서 조금은 유감이긴 하지만 이것은 자네가 자초한 일이지."

"무슨 헛소리냐?"

괴박사가 큰 소리를 버럭 질렀다. 야쾨장과 괴박사는 사실 같은 고등학교 출신에 같은 반 친구였다. 둘은 한 고등학교에 다니며 학창시절을 함께 한 사이였다. 지금까지 아무에게도 말하지 않았던 비밀이었다.

"아, 친구 왜 화를 내는 거지? 우리 사업을 방해하는 자네에게 내가 더 화가 난 상황인데……."

"내가 지적하려고 했던 것은 그런 부분이 아닌 것을 알지 않나? 난 자네가 좋은 약을 만드는 것에 대해서 반대할 생각은 추호도 없어. 학생들의 사고력과 창의력을 없애는 그런 짓을 하지 말라는 것이잖은가?"

"그건 자네 생각이지. 그런 꽉 막힌 생각이 자네와 나의 격차를 이렇게 벌려 놓은 것을 아직도 모르겠나? 이제 자네는 내 상대가 될 수 없어."

고등학교 시절부터 서로 경쟁을 했던 친구 괴박사와 야쾨장, 둘 다 최고의 대학을 다니다 괴박사는 연구소에 스카우트되어서 갔고, 야쾨장도 제약 회사에 들어갔다. 야쾨장은 제약 회사에서 나와 새로운 자신만의 회사를 차리게 되었고, 몇몇 약들이 많은 인기를 끌게 되면서 큰돈을 벌게 된 것이다. 그리고 몇 가지 특허로 상상할 수 없는 큰 부를 거머쥐게 되었다.

"참, 안쓰럽군. 지금까지 나를 의식하며 지내느라 피곤했겠어."

괴박사가 말했다.

"알량한 자존심은 여전하군, 괴박사. 옛정을 생각해서 이렇게까지 하고 싶지 않았지만, 이것은 자네가 자초한 일이야. 아무튼 내일 보자고. 내일 만나서 자세한 이야기를 하도록 하지."

야쾨장은 뚜벅뚜벅 여기저기를 걸어 다녔다. 가상 홀로그램이 자신의 주위를 돌아다니는 공상 과학 영화 속에서나 보았던 모습들이었다. 야쾨장의 홀로그램이 홀연히 사라졌다.

홀로그램

1. **홀로그램(hologram)**

    3차원 영상으로 된 입체 사진(holo=전체, gram:그림, 정보)으로 물체를 여러 각도에서 볼 수 있게 완전한 모습을 재생한다.

    *데니스 가보르(Dennis Gabor, 1900~1979), 홀로그래피 발견으로 1971년 노벨물리학상을 받음.

2. **홀로그램의 원리**

    빔프로젝트의 빛을 거울로 반사해 45도의 투명한 판에 투과하도록 하여 만들 수 있으며 나날이 기술은 발전하고 있다.

3. **간단하게 홀로그램 만들기**

    준비물 : OHP 용지, 모눈종이, 네임펜, 30cm자, 가위, 투명 테이프, 검은 도화지, 풀, 장식용 종이, 스마트폰 등

    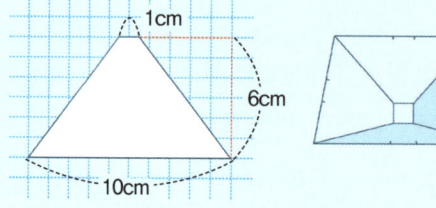

    ① 모눈종이에 사다리꼴 제도하기
       (아랫변 10cm, 윗변 1cm, 높이 6cm)
    ② OHP 용지에 4개 사다리꼴 옮겨 그리기
    ③ 잘라 붙여서 홀로그램 틀 만들기
    ④ 핸드폰으로 화면을 틀면 홀로그램이 실행된다.
       커튼을 치거나 빛 가림 장치를 만들면 좀 더 선명하게 볼 수 있다.

    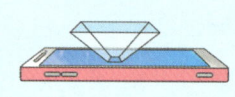
    빛 가림 장치

공부에 도움이 되는 수학·과학 톺아보기

★톺아보기란?
'자세히 살펴보다'라는 뜻의 순우리말입니다.

1. 다음에서 설명한 것은 무엇인가요?

   > 3차원 영상으로 된 입체 사진으로 물체를 여러 각도에서 볼 수 있게 완전한 모습으로 재생하는 것

2. 홀로그램 만드는 방법에 따라 홀로그램을 시연해 보고, 시연된 홀로그램을 그림으로 표현해 보세요.

야쾨장과의 만남

아침이 밝자, 햇살이 창살 사이로 들어와 자는 아이들의 얼굴에 비쳤다. 아이들은 눈을 떴지만, 온몸이 찌뿌둥했다. 이른 시간부터 선글맨들이 들어와 괴박사와 아이들을 데리고 어딘가로 향했다. 문을 열자 야쾨장이 거만한 표정으로 앉아 있었다. 그곳은 뿔 빌딩의 꼭대기 층인 야쾨장의 집무실이었다.

"어찌 잠은 잘 잤나?"

야쾨장의 물음에 괴박사와 아이들은 아무 말도 하지 않았다.

"대답하지 않는 걸 보니 잠자리가 좀 불편했나 보군."

"야쾨장, 아이들까지 잡아 가두고. 지금 이게 무슨 짓인가?"

"말은 바로 해야지. 내가 언제 잡아 가두었지? 이 녀석들이 쳐들어온 거 아닌가?"

괴박사는 갑자기 말문이 막혔다.

"내가 그렇게 나쁜 놈은 아닌데, 악당 취급을 하며 몰래 숨어 들었지? 물론 내가 다 잘했다는 것은 아니야, 흐흐."

"그게 무슨 궤변인가? 자네가 나를 납치하지 않았나?"

화가 난 괴박사가 버럭 소리를 질렀다. 야쾨장은 손가락으로 조용히 하라고 하고는 두 손을 들었다. 그리고 하늘을 향해 펼쳐 홀로그램을 만들었다. 셀 수 없는 수많은 약병들이 나타났다. 진열된 약품장 안에 빼곡히 가득 차 있었다.

"저게 지금까지 내가 만든 약들이야. 하나의 약을 만들기 위해서 피나는 연구와 노력, 실험이 필요하지."

왼손으로 다른 쪽 방향을 클릭하자 실험실의 모습이 반대쪽에 펼쳐졌다. 널따란 곳에 수십 개의 현미경 및 실험도구와 함께 작은 생물의 세계라는 표지가 보였다. 수중식물과 육상의 모습들로 설계를 해 놓은 것들이 눈에 띄었다. 녹색의 가느다란 머리카락처럼 얽혀 있는 해캄, 그리고 물속에 사는 작은 짚신벌레, 물 위에 떠 있는 개구리밥이 야쾨장의 손짓에 확대되거나 축소됐다.

"개울이나 연못에 사는 다양한 생물들이야."

세라가 그것을 보고 혼잣말로 말했다.

"오, 그렇지. 아는 것에 대해서 좀 더 말할 수 있겠나?"

과학은 세라가 자신 있어 하는 과목이었다.

"우리 주위에는 작고 다양한 생물들이 많이 있습니다. 습지에는 물방개, 장구애비, 소금쟁이, 날도래, 하루살이, 검정말, 장구말 등의 작은 생물이 살고, 땅에는 개미, 이끼, 지렁이, 무당벌레 등의 작은 생물이 있습니다. 그 외에도 동물과 식물로 분류되지 않은 해캄이나 짚신벌레와 같은 다양한 생물들도 존재하지요."

야쾨장은 고개를 끄덕였다.

"역시나 아주 특별하고 똑똑한 친구로군. 지금 너희들이 한 이야기는 200여 년 전의 과학 교과서 내용인 것 같은데……. 어때, 맞나?"

우리 주변의 다양한 생물

우리 주변에는 식물과 동물 이외에 다양한 생물이 살고 있다. 이 생물은 우리 생활에 많은 영향을 끼친다. 대표적인 다양한 생물을 살펴보자.

1. 우리 주변의 다양한 생물

 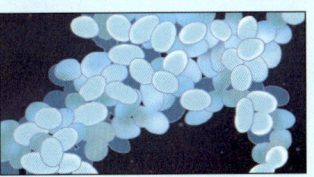

버섯과 곰팡이
스스로 양분을 만들지 못하며 동물이나 식물, 썩는 물질에서 양분을 얻어서 자란다.

세균
하나의 세포로 이루어진 단순한 구조의 생물로 종류가 매우 많고 다양한 형태가 있음. 생명력이 강하고 번식이 빠르다.

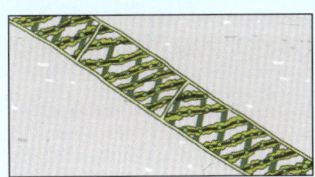 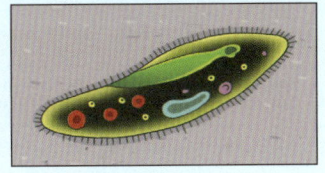

해캄
광합성을 하여 스스로 양분을 만들지만, 식물로 구분하지 않는다.

짚신벌레
하나의 세포로 이루어진 생물로 다른 생물을 먹고 살아가지만, 동물로 구분하지 않는다.

2. 생물에 끼치는 영향

이로운 영향 : 여러 발효 음식을 만들고 질병 치료에 이용되며, 죽은 생물을 썩게 하여 생태계를 유지한다.

해로운 영향 : 음식을 상하게 하거나 주변의 물건을 망가뜨리고, 여러 질병을 일으키게 할 수 있다.

야쾨장이 씨익 웃으며 눈빛을 번뜩였다.

"내가 얼마 전 아주 재미있는 보고를 들었는데, 한번 들어볼 텐가?"

야쾨장이 버튼을 누르자 아이들의 목소리가 들렸다. 아이들이 괴박사의 집에서 재롬과 함께 했던 여러 가지 이야기들이 한참을 나왔다.

"틱."

"자, 여기까지 듣도록 하지. 녹취도 그렇고 여러 가지 정황도 그렇고……."

야쾨장이 아이들을 바라보며 씨익 웃었다. 아이들 얼굴이 하얗게 질렸다. 야쾨장은 아무 말도 하지 않고, 괴박사를 방 한쪽으로 데리고 갔다.

"흐흐흐, 어떤가? 처음 듣는 이야기지? 이봐 괴박사, 나랑 같이 돈 좀 벌어 보지 않겠나? 내게 아주 좋은 생각이 있는데 말이야."

"아이들끼리 한 말을 믿다니 한참 순진하군."

괴박사가 말했다.

"흐흐흐, 자네 표정은 그게 아닌데?"

"내가 너에게 협조할 일은 없을 테니 꿈도 꾸지 마라."

"돈 버는 것을 왜 이리 질색하는 거지? 내가 기회를 준다고 했을 때 받지 않으면 후회할 텐데……."

괴박사는 아무 말도 하지 않았다.

"그래, 오늘은 그만하고 다시 만나세. 곧 협조하게 될 테니."

야쾨장은 아이들과 괴박사를 올려 보냈다. 아이들은 모두 방으로 돌아왔다. 야쾨장은 아이들을 보내고 사키를 불렀다. '메티스 제약 회사의 미스터리 팀장' 난쟁이의 공식 직함으로 콩깍지 마법에 걸린 그가 요즘 가장 신임하는 부하였다.

"사키, 괴박사와 아이들을 내 편으로 만들 좋은 방법이 있겠나? 아주 탐이 나는데 말이야."

"회장님, 괴박사 앞에서 저 어린놈들을 선글맨 교육을 받게 하는 것이 어떻습니까? 만약 괜찮다면 세뇌해 회장님께 충성하도록 하고, 그러지 않더라도 이것으로 괴박사를 협박할 수 있지요."

"오호."

야쾨장은 무릎을 쳤다.

"훈련을 받다 보면 회장님께 협조하는 것이 훨씬 현명한 일이라는 것도 알게 될 겁니다. 또, 회장님께서 얼마나 위대한 사람인지도 알게 될 거고요."

야쾨장이 다시 고개를 끄덕였다. 난쟁이는 호닉스 앞에서와 달리 유난을 떨거나 호들갑을 피우지 않고, 의젓하게 상황을 주시하며 머리를 굴려대고 있었다.

"아주 좋은 생각이구나. 도대체 너의 이 지혜는 어디에서 나온단 말이냐?"

"이게 모두 호닉스님 덕분입니다. 그분께서 늘 많은 것을 가르쳐 주시죠."

난쟁이는 호닉스에 대해서 말했다.

"호닉스님은 많이 바쁘신가? 왜 아직도 오시지 않는단 말이냐? 빨리 좀 뵙고 싶다고 전해라."

콩깍지 마법에 걸린 야쾨장은 호닉스를 보기 위해 재촉을 했다. 호닉스와 한 번도 본 적이 없었지만, 호닉스라는 말만 들어도 콩깍지 마법의 영향이 더 커지는 것 같았다. 야쾨장은 곧바로 황금문을 불러 아이들에게 선글맨 교육을 하도록 지시를 내렸다.

'역시 호닉스님의 마법의 힘은 대단하군.'

난쟁이는 호닉스에게 곧바로 이 모든 사실에 대해 보고를 했다. 아이들이 잡혔다는 것을 안 호닉스는 처음엔 아주 놀라워했다. 하지만 이내 기뻐하며 곧 보러 가겠다는 말과 함께 아이들의 실력을 테스트해 보라는 지시를 내렸다.

그날 아이들은 괴박사에게 모든 것을 털어놓았다. 자신들이 왔던 과거 세상, 그리고 미래 사회로 오게 한 책과 시계탑, 그리고 재롬이 말한 타임 퍼즐. 모든 것을 상세히 말했다. 이야기를 모두 들은 괴박사는 마음이 진정되지 않았다.

"박사님, 그래서 저희는 돌아가는 시계탑을 찾고 있습니다. 저희가 들어온 시계탑이 근처에 있지 않을까 생각하고 있어요. 바로 이거예요."

재민이가 주머니 속에서 핸드폰을 꺼냈다. 사진 속 시계탑의 모습이 나왔다.

"아니 이것은 병맛시계탑 아니냐?"

"이런 시계탑이 있어요?"

"아, 이게 말이야. 병맛시계탑이라고 야쾨장이 돈을 주고 사 버렸어. 그리곤 어딘가에 옮겨 놨다고 하던데, 아무튼 그때 무척 시끄러웠거든. 야쾨장이 무슨 꿍꿍이가 있다고 소문이 파다했었지."

"아, 그랬군요. 그래서 타임 퍼즐이……."

아이들의 가슴은 쿵쾅거렸다.

"얘들아, 내가 나가서 빨리 살펴보고 올게."

재롬이 변신술을 시도했다. 한 바퀴를 휙 도니 순식간에 고양이로 변했다. 고양이로 변신해 열린 창문으로 빠져나간 재롬은 건물과 닿아 있는 나무 꼭대기로 더 올라갔다. 한참 여기저기를 살피던 재롬은 갑자기 기운이 빠지며 축 처졌다.

"어? 몸이 왜 이러지?"

재롬은 눈앞이 빙글빙글 돌며 어지러움을 느끼다 나무 위에서 그대로 쓰러졌다. 어느새 해가 떨어지면서 금방 어두워졌다.

다음 날 아침이 되어 아이들은 선글맨 훈련을 받기 위해 체육관으로 불려 갔다.

"재롬은 왜 안 오지? 다행히 별일이 없긴 했는데……."

체육관으로 가며 찬혁이가 재민이에게 귓속말을 했다.

재롬이 밤사이 사라진 것을 안 선글맨들이 재롬을 찾느라 소동이 벌어졌지만, 어디서도 재롬을 찾을 수가 없었다. 아이들은 자다 보니 재롬이 사라지고 없었다고 시치미를 떼며 소동은 일단락이 되었고, 예정되어 있던 선글맨 훈련을 받으러 온 것이다.

"헛둘 헛둘."

체육관에서는 보안 요원이 되기 위한 제식훈련이 한창이었다. 제식훈련은 정식 보안 요원이 되기 위해 받는 기본 훈련으로, 칼 같은 제식과 절도 있는 동작은 선글맨의 트레이드마크와 같았다.

"차렷, 열중쉬어, 차렷."

계속되는 구령과 지시에 아이들은 정신이 없었다.

"이 정도도 정확하게 일치하지 못하면 어떡하나?"

불같은 교관의 불호령이 떨어졌다.

"뒤로돌아!"

"앞으로 갓!"

"아니 뒤로돌아를 거꾸로 돌면 어떡하나? 아주 바보들이군."

"열중쉬어는 또 그게 무슨 동작이야? 계속 흐느적흐느적할 텐가?"

아이들은 허둥지둥 정신이 없었다. 생전 처음 받는 군대식 훈련에 얼떨떨했다. 무서운 분위기에서 강압적으로 하는 훈련은 아이들 몸과 생각을 더 움츠리게 했다. 잠시 달콤한 휴식 시간이 주어졌다.

"어? 너 너희들은?"

"뭐야? 너희들이 왜 여기에······."

그때 박람회장에서 보았던 아이가 분명했다. 문제 풀이 대결에서 패하고 재민이에게 시비를 걸던 바로 그 아이였다.

"이봐 촌뜨기들, 선글맨이 되려고 여기에 온 거야? 에잇, 이런 촌뜨기들과 같이 훈련을 또 받다니…….”

여전히 그 아이는 못마땅한지 아이들에게 시비를 걸었다.

"왜, 얘들이 누군데? 김빡구, 얘들 본 적 있나?"

옆에 있던 다른 팀원들이 빡구라 불리는 아이에게 물었다.

"며칠 전에 만났지. 지난 주말에 자유 시간을 얻어서 박람회장에 간 적이 있잖나? 그때 저 녀석들을 보았지. 너무 촌스러워서 잊을 수가 있어야지."

"음, 그렇군. 너무나 놀라운 스타일임이 분명하군."

옆에 있던 다른 아이들도 함께 조롱했다. 재민이는 화가 났지만 별도리가 없었다.

그때였다. 문 쪽에 난쟁이가 나타났다. 교관과 조교들이 난쟁이를 보고 깍듯이 고개를 숙였다. 사키란 이름으로 미스터리부서 팀장이 된 난쟁이는 회사에서 없어서는 안 될 권력의 중심으로 급부상하고 있었다.

"아니 무얼 했다고 놀고 있는 거지?"

난쟁이가 기분 나쁜 듯한 표정으로 말을 툭 내뱉었다.

"자자! 휴식 끝!"

눈치를 보던 교관이 호각을 부르며 큰 소리로 외쳤다. 난쟁이의 한 마디에 다시 훈련이 시작됐다.

'흐흐흐, 권력이란 게 바로 이 맛이군.'

난쟁이가 속으로 씨익 웃으며 거드름을 피웠다.

'자, 어디 보자. 그럼 지적질이나 좀 더 해 볼까?'

난쟁이는 맨 앞에서 훈련을 받고 있는 세라부터 지적을 시작했다.

"헤이, 이봐! 조금 더 똑바로 할 수 없겠나? 여자라서 그런 거야? 동작이 너무 느려. 그래서야 보안 요원이 되겠나?"

"어디에서 굴러먹다 온 놈들인지는 모르지만, 아주 덜떨어진 것 같은데……."

"머리는 장식인가? 이것 참."

난쟁이가 아이들 한 명 한 명에게 지적을 해댔다.

"안 되겠어. 내가 직접 시범을 보여 주지. 그건 이렇게 하는 거야."

난쟁이는 사실 엉망인 시범을 보이면서도 우쭐거렸다. 아이

들은 사키가 난쟁이라는 것은 꿈에도 알지 못했다.

'흐흐흐, 아주 쌤통이군. 주인님께서 보시면 얼마나 좋아하시려나…….'

아이들의 주눅 든 모습을 보는 난쟁이는 아주 기분이 좋았다. 스승인 호닉스가 당했던 것을 자신의 힘으로 조금이나마 복수하는 것 같았다.

'아, 이 녀석들을 테스트해야 하는데, 뭐로 하지?'

"어이, 거기 다들 모여 봐."

난쟁이는 잠시 생각에 잠긴 후 조교를 시켜 아이들을 불러 모았다.

"훈련받는 걸 보니 아주 엉망이야. 근데 공부는 좀 하나?"

"네?"

땀을 뻘뻘 흘리며 아이들은 무슨 일인지 몰라 어리둥절했다.

"수학 말이야. 수학 좀 할 수 있나? 아, 그러지 말고 너희들, 나랑 계산 시합 한번 하는 것 어떤가? 나보다 암산이 빠르면 내가 훈련을 면제해 주겠다."

"왜 자신 없나?"

"아, 아니 그게 아니라…… 갑자기……."

"좋아 그럼 한번 해볼까? 자, 교관 세 자릿수 덧셈 문제 좀 내주게."

아이들 중 암산을 제일 잘하는 세라가 등을 떠밀려 나왔다. 옆에 있던 교관은 계산기를 구해와 곧바로 문제를 내었다.

"453+845-653."

"정답, 645."

난쟁이는 생각보다 아주 암산이 빨랐다. 호닉스에게 암산 연마에 대한 지시를 받은 후 꾸준히 암산 실력을 키워 온 난쟁이는 암산에 자신이 있었고, 실력도 수준급이었다.

"빙고, 정답입니다. 다음 문제를 내도록 하겠습니다."

"275+389-245."

"정답, 419."

"오, 이번에도 정답입니다."

난쟁이는 이어진 여러 문제에서도 계속 정답을 먼저 외쳤다. 그리고 그것은 정답과 정확히 일치했다. 충분히 준비하지 못했던 세라는 난쟁이를 한 번도 이기지 못했다.

'이 녀석들 나에게 게임이 되지 않는걸? 원래 이렇게 실력이 형편없는 놈들이었나? 이럴 게 아니라 주인님께 말씀드리고 내가 나서야겠어. 이제 나도 그럴 때가 됐어.'

난쟁이는 의기양양했다.

"내가 훈련을 좀 빼 주려고 했는데 안 되겠어. 교관께서는 훈련 강도를 좀 더 높여서 잘할 때까지 시키도록 하시오. 흐흐흐."

난쟁이는 거들먹거리며 한참을 뻐기고 얄밉게 나가 버렸다. 힘든 훈련은 이틀 동안 계속되고 있었다.

아이들이 훈련받는 모습은 고스란히 방에 있는 괴박사에게 전해졌다. 현장에서 전해지는 생생한 소리와 모습이 괴박사를 괴롭게 했다. 하지만 여전히 괴박사는 꿈쩍도 하지 않았다.

"괴박사, 내일은 내가 아이들에게 신경 주파수를 맞추려고 해. 귀 뒤에 우리 회사의 비밀 주파수를 심는 거지. 이어폰과 무전기가 아예 귓속으로 들어가게 한다고 보면 될 거야."

훈련을 시작한 이틀째 날, 야쾨장과 난쟁이가 괴박사의 방으로 찾아왔다. 괴박사는 깜짝 놀라 그들을 쳐다보았다. 꿈쩍도 하지 않고 있는 괴박사를 설득하기 위해 쓴 난쟁이가 낸 또 다른 묘책이었다.

"보통은 조금 특별한 친구들만 내가 하는데, 이번에 이 아이들이 맘에 들어서 특별히 해줄까 해. 그런데 내일 바로 심지는 않고 칩을 심기 전에 먼저 사전 작업을 실행할 거야. 두뇌 스캔 및 뇌파 측정을 하려는데, 뇌가 조금 불안정해질 수도 있겠지만 우리의 통제를 확실히 받게 되지. 하지만 그건 내 알 바 아니고 말이야."

괴박사도 선글맨들이 귀 수술을 한다는 이야기를 들은 적이 있었다.

"야쾨장, 이 나쁜 놈."

괴박사는 주먹을 불끈 쥐었다.

"이것 보시오, 괴박사! 그렇게 고집을 피울 때가 아닌 것 같은데, 왜 이렇게 고집불통이실까? 사키, 그 수술이 좀 위험했었지?"

"아, 예전에는 좀 위험했었지만, 지금은 많이 안전해졌습니다. 설마 죽기야 하겠습니까? 흐흐흐."

난쟁이가 괴박사의 주위를 맴돌며 말했다.

난쟁이의 말은 괴박사로 하여금 더욱 분노하게 했다. 하지만 현실적으로 할 수 있는 게 없었다.

"좋아. 내가 좀 생각을 해 보겠네. 아이들을 만나게 해 주게."

"이제야 정신을 차리는 것 같습니다."

난쟁이가 야쾨장의 귀에 대고 속삭였다.

"그럼 이따 다시 오겠네. 아, 그 도망간 녀석도 빨리 오라고 전하게!"

야쾨장의 말에 난쟁이가 또다시 속삭였다.

"회장님, 그건 저에게 또 좋은 방법이 있습니다."

"아, 그래? 역시 꾀가 많군, 사키."

야쾨장이 난쟁이의 등을 두들겼다.

"그럼 이따 다시 오겠네, 친구. 좋은 소식을 기다리지."

야쾨장은 난쟁이를 데리고 밖으로 나갔다. 괴박사는 어금니를 꽉 깨물었다. 그날 저녁 괴박사는 야쾨장에게 협조하겠다는 의사를 표했다.

한밤이 되어서야 아이들은 다시 괴박사의 방으로 돌아왔다. 괴박사는 아이들을 보자 눈물이 왈칵 쏟아졌다.

"얘들아, 그동안 고생 많았지?"

"아니에요, 박사님."

아이들도 괴박사의 손을 잡았다. 이틀 동안의 선글맨 교육으로 온몸이 만신창이가 된 것 같았다. 다리는 욱신욱신했고 손발은 저렸다.

"빨리 부르지 못해서 미안하구나. 얼마나 힘들었을까?"

괴박사의 목소리가 떨렸다.

"내가 있으니깐 함부로 너희들을 대하진 못할 거야. 일단은 협조하는 척 연기를 할 생각이다."

"네."

아이들은 고개를 끄덕였다.

"마음을 단단히 먹거라. 내가 반드시 너희를 나가게 해 줄 테니……."

괴박사의 감정이 조금 진정이 된 것 같았다. 피곤했던 아이들은 곧바로 쓰러져 잠이 들었다.

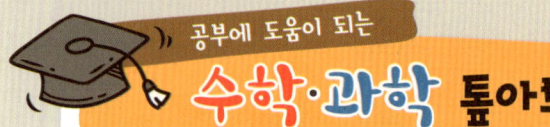

★톺아보기란?
'자세히 살펴보다'라는 뜻의 순우리말입니다.

1. 우리 주변에는 식물과 동물 이외에 다양한 생물이 살고 있습니다. 아래에서 설명하는 생물은 무엇일까요?

스스로 양분을 만들지 못하고 동물이나 식물, 썩는 물질에서 양분을 얻어서 자란다.	하나의 세포로 이루어진 단순한 구조의 생물로 종류가 매우 많고 다양한 형태가 있다. 생명력이 강하고 번식이 빠르다.

2. 우리 주변에서 세균을 많이 볼 수 있는 곳을 찾아보고, 그 이유를 말하여 보세요.

3. 다양한 생물이 우리 생활에 미치는 영향 중 이로운 영향을 써 보세요.

4. 다양한 생물이 우리 생활에 미치는 영향 중 해로운 영향을 써 보세요.

창의력 연구소 만들기

다음 날 아침, 야쾨장이 일찍 자신의 방으로 괴박사를 불렀다. 문을 열고 들어가자 야쾨장은 누군가와 큰 소리로 전화를 하고 있었다.

"아, 잠깐만 내 전화 좀 하고 말이야."

야쾨장은 괴박사에게 잠깐 기다리라는 눈짓을 하고는 다시 통화에 집중했다.

"그래서 이번에 의원님께서 법안을 제출해 달라는 거지요. 아주 기가 막힌 시간 계산법이란 말입니다. 동서남북 방향과 시간을 함께 통합하여 사용할 수 있는 그런 계산법이지요. 9시

이후에 일어나는 모든 강력 사건도 없어지게 될 게 확실합니다. 그 시간 자체를 없애 버린다는 거죠."

"빨리 좀 서둘러 주시오. 아주 훌륭한 분을 알게 됐는데, 내 나중에 강 의원에게도 소개해 드리지요."

"아, 나만 믿으시오. 내가 꼭 사례하겠소."

야쾨장이 전화를 딸깍 끊었다. 어젯밤 난쟁이로부터 시간 체계를 바꾸는 것에 대해 재촉을 들은 후였다.

"괴박사, 미안하군. 급한 전화가 있어서 말이야."

야쾨장이 괴박사를 보며 입을 좌우로 내리고 어쩔 수 없었다는 특유의 표정을 지었다. 야쾨장은 괴박사를 보며 본격적으로 이야기를 시작했다.

"괴박사, 내가 어젯밤 곰곰이 생각을 해 봤는데 말이야. 창의력 연구소를 만들려고 해. 자네가 연구소장을 맡아 주었으면 좋겠어."

"창의력 연구소?"

"그러니깐 창의력이라고 자네가 아주 중요하게 생각하는 것 있지 않나. 사람들에게 그걸 만들어서 나도 창의력을 말살하지 않는다는 것을 보여 주려고 하는 거지? 사람들이 그럼 내 약에 대해서 더 믿을 거고, 그럼 내 약도 더 잘 팔리지 않겠나? 흐흐흐."

괴박사는 어이가 없고 분통이 터졌다. 자신이 말살시키고 있는 창의력을 키우기 위한 연구소를 만들다니 황당한 일이었다.

"나보다는 자네가 더 전문가니까……. 어때 할 수 있겠나?"

야쾨장이 씨익 웃었다. 괴박사는 끓어오르는 분노를 겨우 참았다.

"그래, 알겠네. 내가 한번 해 보지. 그런데 야쾨장, 아이들을 선글맨으로 만들지 않는 게 틀림없나?"

"아, 물론이야. 내가 그것은 장담하지. 절대 선글맨은 시키지 않도록 하지. 하지만 선글맨도 괜찮아. 내가 먹여 주고 재워 주며 또 많은 돈도 주지 않는가? 흐흐흐."

야쾨장이 야비하게 웃었지만, 괴박사는 더 이상 아무 말도 하지 않았다.

"음, 그리고 말이야. 창의력 연구소에서 타임머신에 대해서도 한번 연구해 보게. 이 아이들도 자기들 말로는 다른 세계에서 왔다고 하지 않나? 내가 요즘 기존의 시간개념을 허물어뜨리는 작업을 하는 중인데, 자네가 한다면 모든 지원을 아끼지 않도록 하지. 창의력 연구소장으로 있으면서 아이들도 관리하고 타임머신 연구를 하는 거야. 만약 성공한다면 어마어마한 돈벌이가 될 것 같은데, 어때?"

야쾨장이 괴박사의 귀에 대고 작은 목소리로 속삭였다.

"협조하는 거로 알고 있겠네. 음, 그럼 연구소와 관련한 준비를 바로 하라고 지시하지. 우리 같이 돈방석에 앉아 보자고."

야쾨장은 기분 나쁜 웃음을 지며 괴박사의 등을 툭 쳤다. 야쾨장은 무척 기분이 좋아 보였다. 자신이 평생의 라이벌이라고 생각했던 괴박사가 자신의 발아래 들어오며 자신이 우위에 있음을 증명한 것 같았다.

늦은 오후, 난쟁이가 괴박사 방으로 내려왔다. 연구원으로 위장한 선글맨과 함께였다.

"어떻게 연구는 잘 되고 있습니까? 연구소 준비는 어떻게 되고 있죠?"

방에는 각종 최신 기자재와 비품들이 들어오고 있었다. 난쟁이는 아이들 주변을 한 바퀴 휘돌며 거드름을 피웠다.

'야쾨장 이 자식, 지가 이야기한 게 얼마나 됐다고 이러는 거야? 아침에 나에게 이야기를 하고 오후에 연구가 잘 되고 있나 묻다니, 또 저 무식한 녀석은 뭐야?'

괴박사는 불쾌한 마음으로 뭐라 하려다 말고 고개를 돌려 버렸다.

"괴박사님, 창의력 연구소는 어떤 모양으로 만드실 생각입니까? 우리 메티스만의 느낌으로 조금 특별한 모양이 좋을 것 같은데, 내 생각에는 일단 입체도형으로 만들어 보는 것이 좋겠소."

난쟁이가 말했다.

"건물을 만드는 데 당연히 입체도형이지, 무슨 평면도형이 될 수 있단 말이오?"

"아, 그 그런가? 아무튼 또 회장님께서 말씀하시길 뿔 모양의 디자인을 생각해 보자고 하셨소. 그 무슨 이집트에 있는 큰 돌로 만든 피로미? 흠."

난쟁이가 당황한 듯 헛기침을 했다.

"피라미드를 말하나 본데, 피라미드처럼 뿔 모양이든 원기둥처럼 둥근 모양이든 각기둥처럼 기둥 모양이든 겉모습이 무슨 소용이오? 창의력 연구소면 얼마나 창의력을 키울 수 있느냐가 제일 중요한 것 아니오?"

괴박사가 틱틱 쏘아붙였다.

"아무튼 그 피라미든지 뭔지처럼 만들어 보라는 거 아니오? 창의력이 뭐 그렇게나 중요한가? 흠흠."

눈치를 보던 옆 선글맨이 피라미드의 홀로그램을 띄웠다. 커다란 피라미드가 방 한가운데 나타났다. 아래에 서 있는 사람의 모습은 작아서 보이지 않을 정도로 규모가 어마어마했다.

"우와, 정말 크다. 높이가 얼마나 될까?"

여러 가지 입체도형

1. **입체도형**
   공간에서 일정한 크기를 차지하는 도형

2. **다양한 입체도형**

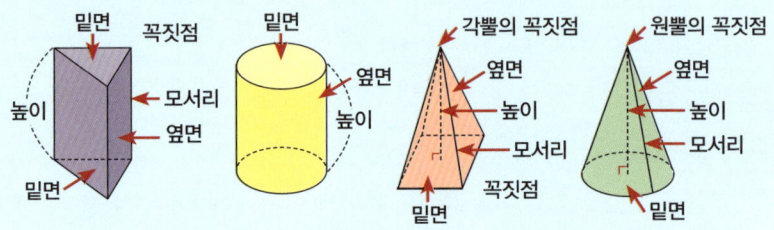

① 각기둥 : 위와 아래의 면이 서로 평행하고 합동인 다각형으로 이루어진 기둥 모양의 입체도형
② 원기둥 : 위와 아래의 면이 서로 평행하고 합동인 원으로 이루어진 기둥 모양의 입체도형
③ 각뿔 : 밑면이 다각형이고 옆면이 삼각형인 뿔 모양의 입체도형
④ 원뿔 : 밑면이 원이고 옆면이 곡면인 뿔 모양의 입체도형

3. **회전체**
   평면도형을 회전축을 중심으로 한 번 돌렸을 때 만들어지는 도형

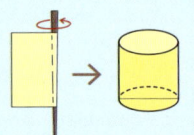 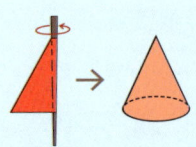 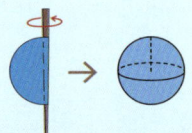

직사각형을 회전시키면 원기둥이 된다.
삼각형을 회전시키면 원뿔이 된다.
반원을 회전시키면 구가 된다.

찬혁이가 탄성을 질렀다. 피라미드를 제대로 본 적 없는 난쟁이도 놀란 듯했다.

"높이를 어떻게 직접 올라가지 않고 잴 수 있겠소? 명색이 창의력 연구소인데, 혹시 알 수 있겠소? 거기 연구원 씨와 팀장님?"

괴박사가 난쟁이와 선글맨을 바라봤다. 둘은 아무 대답도 하지 못하고 우물쭈물했다.

"어디선가 들었던 것 같은데, 비례식의 성질을 이용해서 그림자의 길이를 잰다면……, 뭐였더라?"

재민이가 한참을 생각하다 무릎을 쳤다.

"아, 피라미드 옆에 작은 나뭇가지를 세우고 피라미드와 나뭇가지의 그림자 길이를 잰다면 '피라미드 높이:피라미드 그림자 = 나뭇가지 높이:나뭇가지 그림자'로 식을 만들 수 있어요. 그럼 피라미드의 높이를 ( )로 해서 구하면 돼요."

옆에 있는 세라도 고개를 끄덕였다. 괴박사가 훌륭하다는 듯 박수를 쳤다.

"아주 정확한 풀이야. 그럼, 내친김에 문제 하나 더. 어떻게 이 피라미드를 쌓았을까? 돌 하나의 무게가 대략 1~2t 정도라고 하는데, 그걸 어떻게 저 높은 곳까지 쌓아 올렸을까?"

"어디 이번에도 먼저 대답해 보시지요. 연구원 씨와 팀장님."

괴박사는 다시 한 번 선글맨과 난쟁이를 바라봤다. 난쟁이와 선글맨은 멀뚱멀뚱 거렸다.

"아, 이건 제가 알 것 같아요. 직접 들어올리기가 힘드니깐

옆으로 돌아가는 거죠. 경사면의 원리를 이용하는 것 아닌가요? 자동차가 산에 오를 때 지그재그로 오르는 것처럼요. 그러니깐 돌을 바퀴에 실어서 피라미드 옆면으로 밀고 올라가는 거죠."

세라가 손으로 흉내를 내며 말했다. 피라미드를 둘러싼 옆면으로 빙글빙글 돌아가는 형태의 모습이었다.

"오, 그렇지. 아주 훌륭해."

괴박사가 박수를 쳤다. 괴박사는 세라를 칭찬했다.

'아, 조금 신기하긴 하군.'

피라미드 높이 구하기

2600여 년 전 그리스의 수학자 탈레스가 이 방법을 이용하여 피라미드의 높이를 구해 냈다고 알려져 있다.

비를 적용하여 문제 풀이를 해 봅니다.

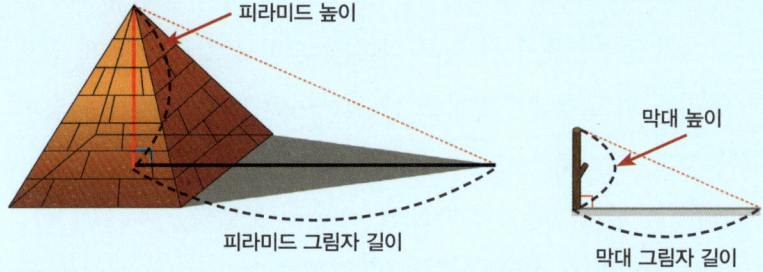

피라미드 높이:피라미드 그림자 길이=막대 높이:막대 그림자 길이
피라미드 높이×막대 그림자 길이=피라미드 그림자 길이×막대 높이
피라미드 높이=(피라미드 그림자 길이×막대 높이)÷막대 그림자 길이

난쟁이는 약간 놀랐다.

"이런 게 문제를 풀어내는 힘이오. 아시겠소? 당신들은 뭐 이런 게 필요하겠소? 그냥 가서 당신네들 약이나 맘껏 먹으시오."

괴박사가 대놓고 면박을 주었다.

"그리고 여기 와서 우리를 감시할 시간에 가서 당신들 회장하고 이야기 좀 더 하시오. 물론 나에게 진정으로 궁금한 게 있으면 언제든 와도 좋소. 제대로 된 질문이면 내가 언제든 대답해 주지."

괴박사는 난쟁이와 선글맨을 쫓아 올려 보냈다.

"정말 큰일이군. 이곳 사람들이 언제쯤 제대로 된 생각을 할 수 있으려나."

진심으로 걱정된 괴박사는 혀를 찼다. 아이들은 난쟁이가 올라간 뒤에도 창의력을 키우는 방법에 대한 많은 이야기를 나누었다.

공부에 도움이 되는 수학·과학 톺아보기

★톺아보기란?
'자세히 살펴보다'라는 뜻의 순우리말입니다.

1. 위와 아래의 면이 서로 평행하고 합동인 다각형으로 이루어진 기둥 모양의 입체도형을 각기둥이라고 한다. 삼각기둥, 사각기둥, 오각기둥을 그려 보세요.

2. 다음 그림을 보고 원뿔의 구성 요소를 써넣으세요.

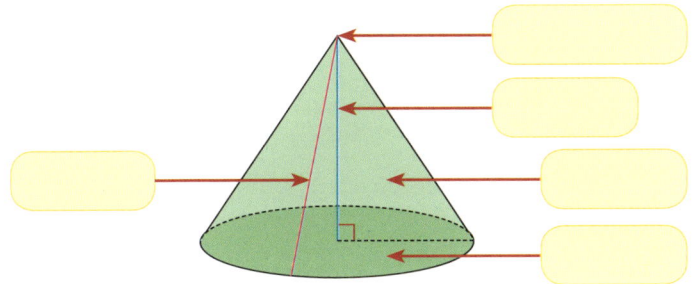

3. 다음 평면도형을 회전축을 중심으로 돌렸을 때 만들어지는 도형을 그려 보세요.

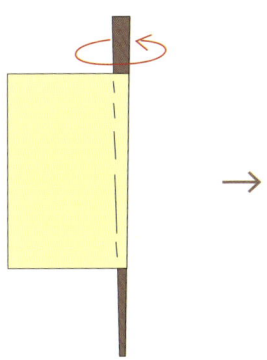

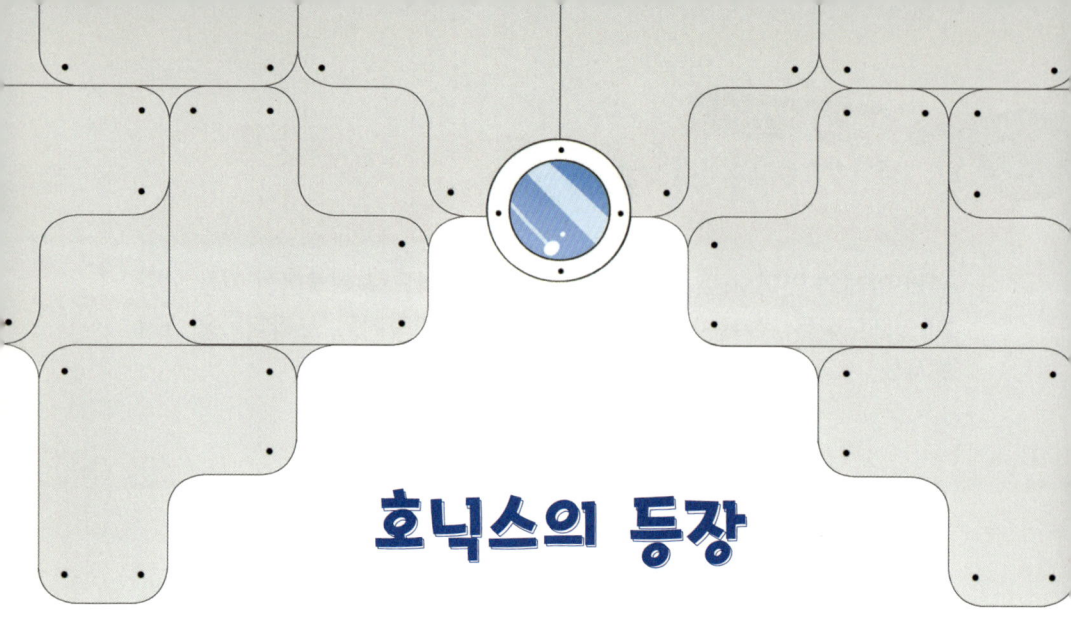

호닉스의 등장

"난쟁이가 아주 고생이 많군."

호닉스는 천천히 몸을 일으켰다. 호닉스는 마법의 힘을 비축하기 위해 인간 세계의 산속에 있는 동굴에서 꼼짝 않고 누워 있었다. 마법의 숲과 가장 비슷한 울창한 숲을 찾아 그곳에서 은신해 있었던 것. 인간 세계로 들어온 지 며칠째 되는 시간이었다.

"이제 한번 나가 볼까?"

난쟁이의 상세한 보고를 통해 여러 상황을 알고 있던 호닉스는 아침에 일어나 꾸물꾸물 외출 준비를 했다. 그리고는 난쟁이가 있는 곳으로 공간 이동을 시작했다. 아직은 몸이 정상은 아니었지만, 그래도 한때 마법 세상의 일인자였던 호닉스다웠다. 곧바로 난쟁이가 있는 메티스 제약 회사로 순간 이동이 이루어졌다.

"오, 주인님 오셨습니까?"

난쟁이가 호닉스를 발견하고 엄청 반가워했다. 자신이 알고 있던 위풍당당한 호닉스의 그 모습, 검은 천을 온몸에 칭칭 감고 있던 호닉스가 한쪽 입꼬리를 올리며 말했다.

"너만 혼자 고생하도록 내버려 둘 수 없지 않겠느냐?"

"그렇지 않아도 요즘 변장술이 조금 약해진 것 같아서 걱정하고 있었습죠. 주인님이 오셔서 얼마나 든든한지 모르겠습니다."

난쟁이는 킥킥거리며 신이 나서 호닉스 주변을 빙글빙글 맴돌았다.

"아이들도 이곳에 잘 잡혀 있고, 우리의 계획대로 모든 것이 잘 진행되고 있습니다. 타임 퍼즐이 열리는 것만 정확히 알아내면 될 것 같습니다."

"그래, 그 회장 놈은 말을 잘 듣느냐?"

"아, 야쾨장이요? 주인님께서 콩깍지 마법을 구사해 놓으셔서 아주 호의적이지요. 주인님께서 말씀하신 거라고 하면 아주 깜빡 죽습니다. 그럼 야쾨장에게 한번 가 보실까요? 도움이 되실 겁니다."

호닉스가 고개를 끄덕였다. 잠시 후 난쟁이와 호닉스는 건물의 모퉁이 뒤로 사라졌다. 그리고 이내 변장한 호닉스가 다시 그들 앞에 나왔다. 얼굴은 코가 유독 길고 뾰족한 옛날 만화 속 코주부 영감과 같은 모습으로 양복을 잘 갖춰 입고 있었다.

"주인님, 이제 제가 앞장서겠습니다."

난쟁이가 호닉스를 데리고 건물 안으로 들어갔다. 미스터리 팀장 난쟁이는 거리낌 없이 회장실로 바로 갈 수 있었다. 회장실 문을 열자 책상에 앉아 있는 야쾨장이 보였다.

"회장님, 호 사장님을 모시고 왔습니다."

"오, 어서 오십시오. 그렇지 않아도 너무 뵙고 싶었습니다."

야쾨장이 호닉스를 보자 벌떡 일어났다. 호닉스가 가까이 다가가자 콩깍지 마법에 걸려 있는 그에게 더 강력한 호닉스의 마법이 영향을 주기 시작했다.

"처음 보는군, 야쾨장."

"네, 주인님. 주인님의 은혜는 하늘과 같습니다."

야쾨장은 자신도 모르게 호닉스를 보며 주인님이라고 했다. 그의 의지와는 전혀 상관없는 이야기였다.

"아, 내가 방금 뭐라고 했죠? 내가 이야기를 잘 하고 있나요? 어제 꿈에서 뵌 것 같기도 하고, 요즘 제가 몸이 많이 피곤했나 봅니다."

야쾨장은 호닉스의 마법에 정신을 못 차리고 고개를 이리저리 흔들며 횡설수설했다.

'당분간은 계속 그럴 것이다.'

호닉스는 아주 흐뭇한 미소를 지었다.

"그나저나 사키에게 좋은 조언을 많이 해 주셔서 사키를 통해 잘 듣고 있습니다."

"사업은 잘되고 있느냐?"

호닉스가 처음부터 반말을 했지만, 야쾨장은 전혀 거부감이 없었다.

"그렇습니다. 뭐 알고 계시다시피 워낙 좋은 약들을 제가 많이 만들어서 잘 팔리고, 주인님께서 늘 조언도 잘 해 주시니."

"흐흐, 다행이군."

"혹시 아실지 모르겠지만, 이번에는 공부를 아주 잘하게 만드는 약을 만들었죠. 반응이 아주 좋습니다. 특히 수학 공부를 싫어하는 아이들에게 선풍적이지요."

'흠, 난쟁이 녀석이 말했던 바로 그 약이군.'

호닉스는 흥미가 생겼다. 야쾨장은 호닉스가 관심을 보이자 계속 이야기를 했다. 수학 공식 등 모든 것을 암기하게 만들어 공부를 아주 쉽게 만드는 약이라고 했다.

"야쾨장은 수학 공부 좀 해 보았나?"

"물론입니다. 어릴 때 정말 진저리나게 수학 공부를 했지요. 제가 만든 약이 어릴 때만 있었어도 그렇게 힘들게 공부하지 않았을 텐데, 조금 억울합니다."

"오, 그 정도로 효과가 좋은가?"

"물론입니다. 계산 능력을 좋아지게 하고, 모든 것을 암기하게 해 주는 아주 획기적인 약이지요. 수학 공식도 달달달 외우게 해 버립니다."

호닉스는 점점 약에 대해서 궁금해졌다. 그리고 자신도 약을 먹으면 더 세질 수 있다는 생각에 이르렀다.

"그래, 그럼 조금 나에게 가져올 수 있겠나?"

"물론입니다, 주인님. 제가 만든 모든 약을 가져다 드리겠습니다."

"그래, 고맙군."

"주인님, 오늘부터는 이곳에서 머무르십시오. 그리고 저에게 늘 조언을 해 주시면 정말 감사하겠습니다."

"좋아. 네 뜻이 정 그렇다면, 흐흐."

호닉스는 그날부터 야쾨장의 연구소 안에서 머물게 되었다. 그리고 자신을 위해 야쾨장이 마련해 준 방에 그대로 눌러앉았다. 아주 넓고 쾌적한 공간이었다.

한편 방에서 빠져나와 잠이 들었던 재롬은 나무 위에서 3일이 되도록 긴 잠에 빠져 있었다. 인간 세계에 와서 잦은 변신을 하며 몸을 너무 혹사해 갑작스럽게 깊은 마법의 잠에 빠진 것이었다.

재롬은 갑작스러운 오한과 추위에 몸을 떨며 일어났다.

"어? 몸이 왜 이러지?"

잠에서 깬 재롬은 비몽사몽 하며 아래쪽을 보다 소스라치게 놀랐다.

"아, 아니 저건……."

호닉스와 난쟁이가 건물 뒤에서 이야기를 하는 게 보였다. 그리고 얼마 후 코주부 영감으로 변신해 호닉스가 나왔고, 그들

은 다시 건물 안으로 들어가고 있었다. 깜짝 놀란 재롬은 숨이 턱 막혔다.

"불꽃의 절벽에서 어떻게 빠져나온 거지? 그리고 도대체 여길 왜? 설마 나를 잡으려고?"

재롬은 몸이 부르르 떨렸다. 마법 세상에서 자신에게 향했던 호닉스의 분노에 찬 눈빛과 손짓이 생생하게 떠올랐다. 자다가 갑작스럽게 든 오한과 추위도 호닉스의 나쁜 마법의 기운에 반응하고 있었음을 알게 되었다.

"아니야, 아니야. 나를 잡으려고 왔다는 것은 말이 안 돼. 아,

그렇지? 타임 퍼즐?"

재롬은 타임 퍼즐이 생각나며 마음이 조금 진정됐다. 재롬은 용기를 내 계속해서 호닉스를 미행했다. 무슨 말인지 잘 알 수는 없었지만, 난쟁이를 사이에 두고 호닉스와 야쾨장이 뭔가 진지한 대화를 오래 나누고 있었다. 재롬은 아이들이 있던 방으로 서둘러 날아갔다. 하지만 아이들은 원래 머물던 방에 있지 않았다.

"어? 어디로 갔지?"

새로 변신해 건물 밖에서 창문 안으로 한참을 찾아다니던 재롬이 드디어 아이들이 있는 곳을 발견했다. 아이들이 갇혔던 처음 방보다 훨씬 커다란 통유리로 되어 있는 곳. 그곳에서 아이들이 무언가를 하는 중이었다.

"얘들아! 얘들아!"

재롬은 큰 소리로 아이들에게 소리쳤다. 하지만 아무런 말도 들리지 않았다. 아이들을 보며 파드득거리며 창문에 날아오르길 수차례였지만, 아이들은 전혀 눈치를 채지 못했다.

"아! 모스부호."

재롬은 퍼뜩 좋은 생각이 났다. 그리고 창문에 기대어 서서 괴박사의 집에서 보았던 모스부호 흉내를 내며 창문을 부리로 두드렸다.

"툭툭 툭 툭툭 툭."

방에 있던 아이들이 소리를 듣고 놀라서 창문을 보았다.

"어?"

재롬이 부리로 창문을 두드리고 있었다.
"재롬이다."
찬혁이는 곧바로 재롬을 알아챘다. 손을 머리 위로 크게 흔들었다. 새로 변한 재롬도 푸드덕거리며 인사했다. 아이들은 모두 창문으로 몰려갔다.
"어디 갔다가 이제 왔어?"
아이들이 무척 반가워했다. 그중에서 찬혁이가 가장 반가워했다. 재롬은 호닉스가 나타난 것을 알려 주고 싶었다. 하지만 나타낼 방법이 없었다.
"근데 재롬이 우리에게 뭐라고 말하는 것 같은데……."
아이들이 평소와 다른 재롬의 모습을 눈치챘다.
"자, 잠깐만."
암호 황제 찬혁이는 가지고 있는 종이에 외우고 있던 모스부호의 기호도를 쓱쓱 그린 후 창문에 붙였다.
"재롬, 이것 보고 쳐 봐."
번뜩이는 아이디어였다.
"아하!"
재롬은 그것을 보며 말하고 싶은 것을 창문에 치기 시작했다.
"• • • •"
"H."
찬혁이는 재롬이 치는 것을 보며 곧바로 모스부호를 알파벳으로 번역했다. 많이 해 본 거라 별 어려움이 없었다.
"— — —"

호닉스의 등장 · 129

"O."

"‒ •"

"N."

'HON, 설마 호닉스?'

찬혁이는 떨리는 마음으로 재롬이 부리로 치는 것을 계속 듣고 있었다.

"• •"

"I."

"‒ • • ‒"

"X."

"HONIX?"

재롬이 부리로 찍은 모스부호는 호닉스가 맞았다. 모두는 깜짝 놀랐다.

"호닉스가 어떻게······."

"이게 다 호닉스와 관련이 있다는 거야?"

아이들의 손짓과 놀라는 표정에 재롬이 고개를 끄덕였다. 찬혁이가 무언가 글을 써서 창문 너머로 재롬에게 보여 주었다. 잠시 후 재롬은 다시 퍼드득거리며 날아올랐다.

모스부호

사무엘 모스(1791~1872)가 개발한 전신부호로서 글자를 장음과 단음으로 표현한다. 지금도 SOS 구조 신호로 사용되기도 한다.

예) SOS : ••• ▬▬▬ •••

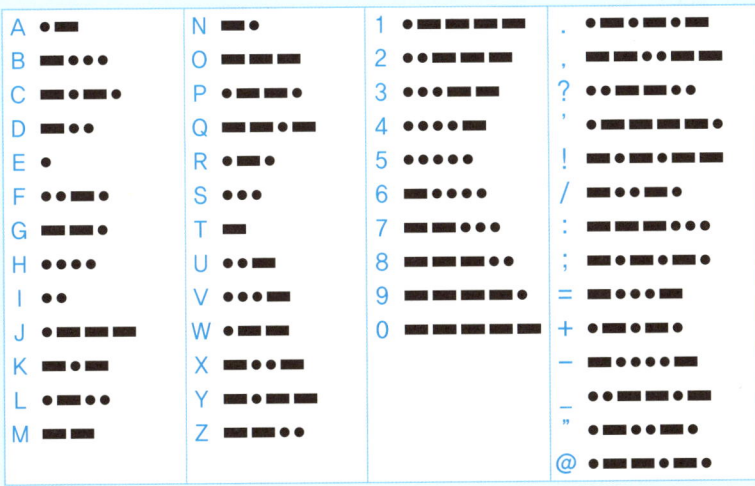

공부에 도움이 되는 수학·과학 톺아보기

★톺아보기란?
'자세히 살펴보다'라는 뜻의 순우리말입니다.

1. 앞에서 본 모스부호 기호를 이용하여 친구에게 쪽지를 전송해 보세요.

2. 모스부호는 19세기에 개발된 근대의 통신수단입니다. 근대의 통신수단과 오늘날의 통신수단을 비교해 보고 달라진 점을 말하여 보세요.

병맛시계탑의 문을 열어라

"오늘 괴박사님은 여기 계시고, 아이들만 저희랑 갈 데가 있습니다."

점심시간이 되자 선글맨들이 방에 있던 아이들을 따로 데리고 나왔다. 타임 퍼즐을 확인해 보고 또 재롬을 유인하고자 하는 호닉스의 속셈으로, 야쾨장의 지시가 내려져 있었다. 사키에게 조언을 듣고 있던 야쾨장은 계속해서 호닉스의 큰 그림 안에서 움직이고 있었다.

정문을 나오자 여러 선글맨 후보생들이 버스를 타려고 서 있었고, 잠시 후 커다란 버스에 모두 올라탔다.

"오늘은 시계탑에서 작은 축제와 대회를 개최하겠다. 그동안 훈련에 함께했던 모든 선글맨 후보생들이 정정당당한 시합을 겨루어 이기는 사람은 회장님이 특별히 선사하는 선물을 받게 된다. 모두 열심히 하도록……."

버스에 타자 한 조교가 나와서 아이들에게 설명했다. 아이들을 포함하여 모두 한 버스를 타고 야쾨장의 병맛시계탑으로 이동했다. 가까운 곳에 있는 줄 알았는데 생각보다 거리가 있었다. 시계탑에 도착하자 많은 보안 요원들이 앞에 근엄하게 서 있었다.

선글맨 팀장인 황금문이 앞에 나와서 전체적인 사회를 보기 시작했다.

"오늘 대회에 참가한 선글맨 후보생들 모두 환영한다. 오늘 대회는 그동안 훈련받느라 수고한 선글맨 후보생들을 격려하는 자리이기도 하다. 곳곳에 맛있는 음식들이 놓여 있으니 자유롭게 먹도록."

함성과 함께 박수 소리가 터져 나왔다. 황금문이 그 모습을 보며 씨익 웃다가 손을 들어 후보생들을 모두 조용히 시켰다.

"이곳은 우리가 새롭게 조성하고 있는 우리만의 공간이다. 우리는 기존의 것들을 혁신적으로 바꾸어 가며 메티스만의 전통을 만들고 있다. 그중 하나가 시간으로, 우리는 많은 연구를 통해 24시간의 체계를 대체할 우리만의 새로운 시간을 만들어 냈다. 이 시계를 보아라."

황금문이 가리킨 시계탑에는 8시간짜리 네모난 시계가 떡하니 달려 있었다.

"저 저기 좀 봐."

아이들이 도서관에서 본 책에 나왔던 시계 모습이었다. 아이들은 온몸에 전율이 흘렀다.

"이곳에서부터 우리들의 새로운 시간이 시작될 것이며, 앞으로 우리나라도 이 시간 체계를 모두 쓰게 될 것이 분명하다. 그리고 너희들 어린 선글맨 후보생들은 이러한 새 시대를 여는 큰일을 하게 될 것이다."

모두 크게 박수를 쳤다.

"특히 오늘의 우승자는 우리 회사의 엘리트로 뽑혀 회장님으로부터 총애를 받게 될 것이다."

황금문의 말에 큰 박수와 함께 야쾨장을 연호하는 소리가 들렸다. 자리에 앉아 있던 야쾨장은 일어나 손을 흔들어 주었다.

"그럼 오늘의 미션을 발표하겠다. 이곳은 시계탑을 중심으로 커다란 동서남북 시간이 형상화되어 있다."

황금문이 버튼을 누르자 바닥의 모습이 그대로 하늘 위로 홀로그램처럼 떠올랐다. 매끈한 대리석 바닥에 쓰여 있는 1~8까지의 숫자와 시계탑의 모습을 모두 볼 수 있었다. 축구장보다 큰 네모난 곳이었다.

황금문이 또 다른 버튼을 누르자 커다란 레이저로 허공에 글씨가 쓰이기 시작했다.

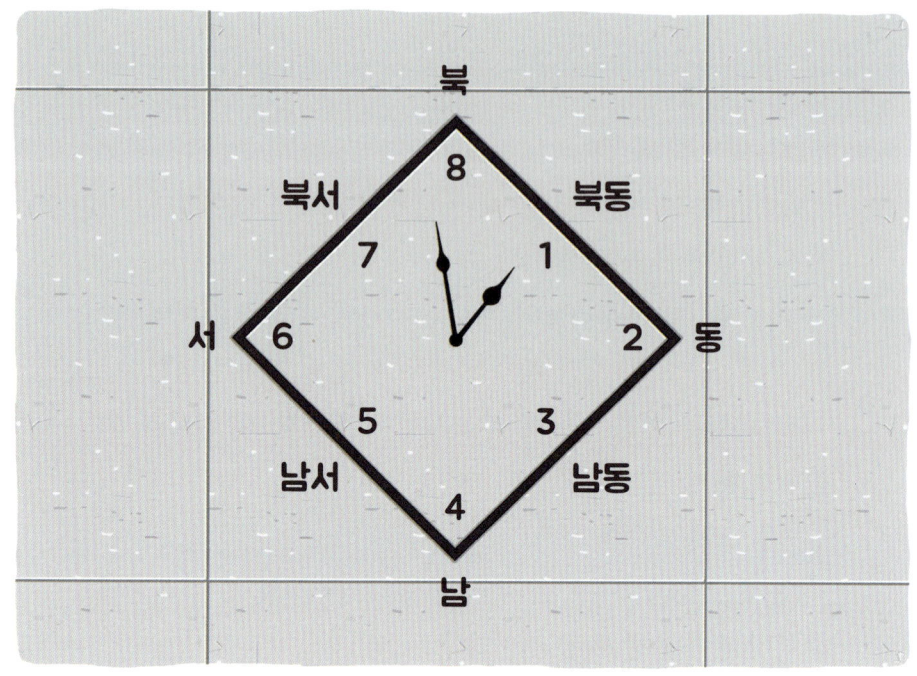

★시계탑 도착하기 미션★

1. 출발 지점은 본인이 선택하여야 한다.
2. 정사각형 두 개를 그려 모든 시간을 하나씩 분리하라.
3. 단, 가던 길을 돌아올 수는 없다.
4. 주어진 시간은 30분이다.

"지금부터 나눠 주는 센서를 모두 벨트에 부착하고 출발을 시작하라. 1차 미션을 풀고 시계탑 겉면에 설치된 2차 미션인 유리문을 열어 시계탑에 터치하면 게임이 끝나게 된다. 본부에서는 너희들의 이동 경로를 센서로 확인할 것이다."

레이저로 보여 준 글씨가 사라지며 황금문이 설명을 했다. 모두 센서를 받으며 게임이 시작되었다. 시합에 참여한 모두가 공터에 앉아서 자신의 팀끼리 상의를 했다.

"아, 이래서 타임 퍼즐이 혼란을 느낀 건가? 야쾨장이 시간의 체계를 바꾸려고 하나 봐."

아이들은 타임 퍼즐의 혼돈이 무엇임을 정확히 알게 되었다.

"응, 이제 실마리가 풀리는 것 같아. 일단 미션을 해결하자. 뭔가 더 알아낼 수 있을 것 같아."

아이들은 모여서 골똘히 생각에 잠겼다.

"정사각형 두 개를 그려서 시간을 시계탑과 모두 분리해야 한다고 했어."

"응, 어떻게 정사각형 두 개를 이용해서 이것들을 모두 나누게 할 수가 있을까?"

"우리가 일반적으로 생각하는 정사각형을 쓰려면 최소한 정사각형 아홉 개가 필요해."

재민이가 바닥에 그림을 쓱싹쓱싹 그렸다.

"어떻게 두 개만 이용해서 이것을 다 나누어 버리지?"

아이들은 곰곰이 생각에 잠겼다.

"얘들아, 마름모도 정사각형이 될 수 있나?"

"마름모는 정사각형이 아니지. 마름모는 네 변의 길이가 같은 거니깐. 정사각형은 네 변의 길이가 같으면서도 네 각이 모두 90도여만 해."

"아, 그렇지."

동진이가 고개를 갸우뚱거렸다.

여러 가지 사각형

1. 여러 가지 사각형의 관계
벤다이어그램을 활용하여 나타내기

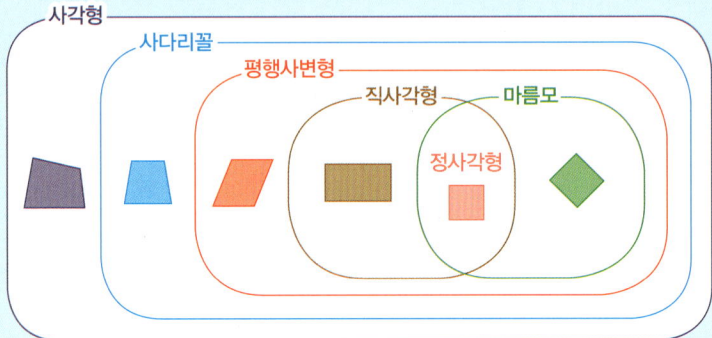

2. 여러 사각형의 정의
① **사각형** : 네 개의 선분으로 둘러싸인 도형
② **사다리꼴** : 마주 보는 한 쌍의 변이 서로 평행인 사각형
③ **평행사변형** : 마주 보는 두 쌍의 변이 서로 평행인 사각형
④ **직사각형** : 네 각이 모두 직각인 사각형
⑤ **정사각형** : 네 각이 모두 직각이고, 네 변의 길이가 모두 같은 사각형
⑥ **마름모** : 네 변의 길이가 모두 같은 사각형

"그래도 왠지 이게 마름모 모양이 되어야 할 것 같은데, 그래야 서로가 겹쳐지게 되었을 때 여러 개로 분리되지 않을까?"

동진이는 곰곰이 생각에 잠겼다.

"아! 정사각형을 마름모 모양처럼 세로로 세운다면 어떻게 되지?"

동진이의 생각이 번뜩 머리를 스쳐 가며 자신도 모르게 무릎을 쳤다. 아이들이 모두 동진이 주변으로 모여들었다.

"나 알 것 같아. 이건 도형을 요렇게 그리면 되지 않나? 이렇게 그려도 정사각형이 되잖아. 그러니깐 큰 정사각형과 작은 정사각형을 두 개를 넣는데, 작은 정사각형을 마름모처럼 돌려

서 세워 놓는 거야."

지리적 감각이 좋은 동진이다웠다. 도형을 공간적으로 구상해서 배치하고 있었다.

"그럼 바로 이렇게 되는 거네."

세라가 설명을 들으며 바로 똑같이 그렸다.

정사각형 두 개로 시계판에 있는 각각의 숫자를 분리하는 두 번째 조건에 맞는 미션을 찾아냈다. 아이들은 티를 내지 않고 쾌재를 불렀다.

그 순간 찬혁이가 조용하게 재민이의 등을 쿡 찔렀다. 길쭉한 조형물 위에 재롬이 변했던 바로 그 새가 앉아 있었다. 눈빛을 마주친 재롬은 아이들에게 날아와 입에 물고 있던 쪽지를 떨어뜨렸다.

"세 번째 조건은 다시 돌아가지 말라고 했어."

찬혁이가 발로 쪽지를 밟으며, 아무 일도 없는 것처럼 일부러 큰 소리로 말했다.

"응, 그렇다면 한붓그리기인데······."

"이게 과연 한붓그리기가 가능할까?"

"이거 생각보다 쉬운데······."

동진이가 큰 소리로 말했다.

"여기 안에 있는 두 정사각형이 만나는 자리에서 출발하면 돼. 네 곳에서 모두 가능해."

동진이가 쭈그리고 앉아 그림을 쓱쓱 그렸다. 지리 박사 동진이의 말대로 네 지점에서 모두 한붓그리기가 가능했다. 그사이 찬혁이가 밟고 있던 쪽지를 주머니에 넣었다.

"자, 그러면 저기 출발 지점으로 가 보자."

동진이가 손으로 방향을 가리켰다.

"1시와 3시 사이의 중간 지점으로 가야 해."

모두 동진이를 따라 조심스럽게 이동을 시작했다. 그곳부터 제일 작은 정사각형을 시계 방향으로 돌면 출발 지점으로 다시 왔다.

"다음은 중간에 있는 사각형의 3시 방향으로 가서 뒤로 돌아가는 거야. 3시, 5시, 7시, 그리고 1시까지 가는 거지."

중간에 그려진 정사각형 모양이 완성되어 갔다.

"그리고 여기에서부터는 틀어서 제일 바깥 큰 정사각형을 만들어야 해."

아이들은 1시부터 바깥의 8시 방향으로 돌아갔다. 8시부터 시작해 7, 6, 5, 4, 3, 2, 1까지 갔다.

"다 왔어. 이제 마지막 길이야."

중간 정사각형의 마지막 비어 있는 길을 완성하며 출발했던 지점으로 돌아왔다.

"1차 미션 성공을 축하합니다! 이제 시계탑으로 가서 2차 미션 유리문을 제거하십시오."

아이들의 센서로 길이 확인되자 큰 소리로 방송이 나왔다. 몇몇 팀 아이들은 시작도 못 했는데 벌써 길을 모두 찾아냈다는 방송에 놀라워 했다.

옆에서 그 모습을 바라보고 있던 김빡구는 분통을 터뜨렸다.

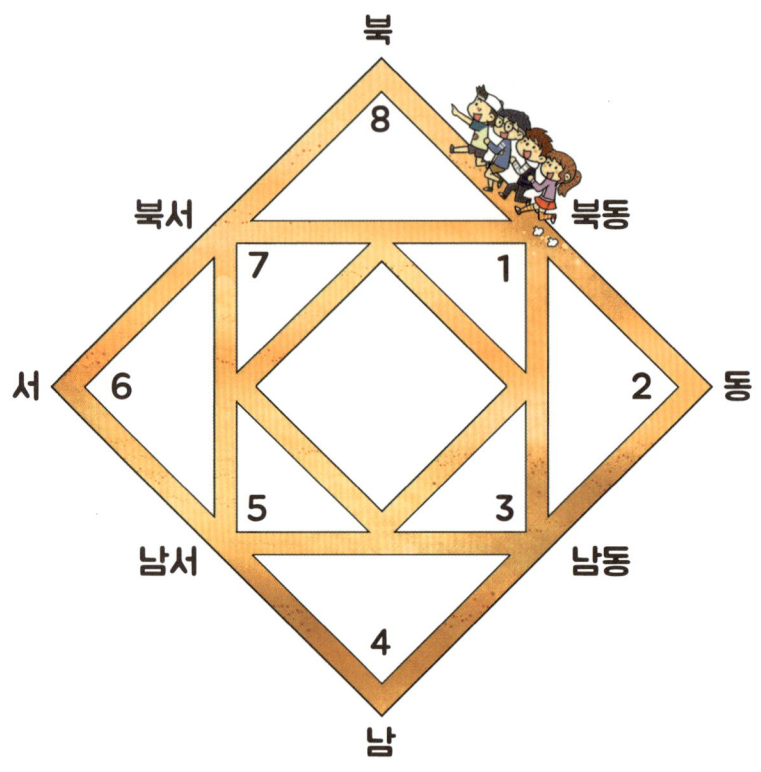

"이런 정말 화가 나는군. 저 녀석들이 뭔데 이렇게 잘하는 거지?"

김빡구는 계속 씩씩대고 있었다. 자신보다 훨씬 못나 보이는 아이들이 잘하는 것에 자존심이 상하고 화가 났다. 괜히 옆에 있는 친구들에게 화를 내며 분풀이를 했다.

"저 녀석들이 똑똑하긴 똑똑한가 봅니다."

호닉스와 난쟁이도 시계탑에 도착한 아이들의 모습을 보고 살짝 놀랐다. 둘이 앉은 그늘진 벤치 안이 더욱 어두워 보였다.

"마법 세상으로 돌아가기 전 본때를 보여 주고, 저놈들에게

한붓그리기

1. **한붓그리기**

   펜을 떼지 않고, 같은 길을 한 번만 지나며 도형 그리기
   동프로이센의 쾨니히스베르크에 있는 프레겔 강의 일곱 다리를 '한 번씩만 건널 수 있을까?'라는 궁금증에서 유래되었다. 오일러가 수학적으로 해석하고 한붓그리기의 정리를 완성하였다.

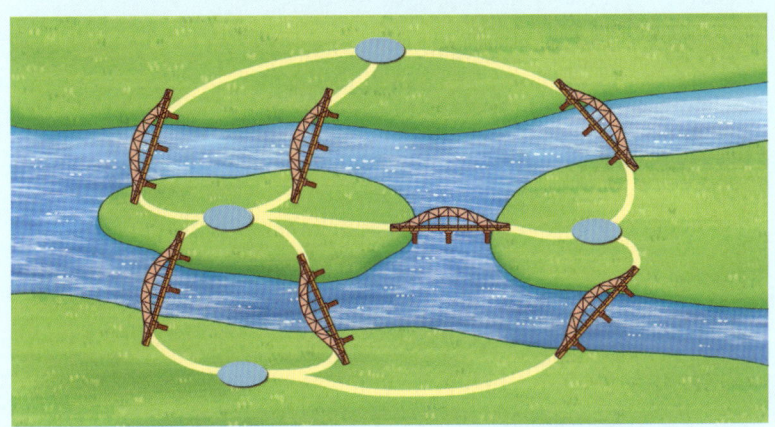

2. **한붓그리기 법칙**

   ① 모든 점이 짝수 개의 선을 가지거나 (어디서나 출발 가능함)
   ② 단 두 개의 점만이 홀수 개의 선을 가져야 한다.
   · 홀수 점에서 출발하여 다른 하나의 홀수 점에 도착하면 된다.
   · 홀수 선을 가진 점의 개수가 0 또는 2개일 때 한붓그리기가 가능하다.
   ③ 다른 경우에는 어떤 경우에도 한붓그리기가 불가능하다.

   *위 법칙에 따라 쾨니히스베르크의 일곱 다리를 한 번에 건너기는 불가능하다.

주인님의 복수를 해야 하지 않겠습니까? 지난번 테스트를 해 보았는데 암산 실력은 저보다 형편없었습니다."

난쟁이가 호닉스의 옆에 앉아 귓속말로 살짝 떠벌렸다. 호닉스는 아무 말도 하지 않았다.

"아, 마법 세상으로 갈 때 재롬 그 녀석도 잡아가야 하는데 말입니다. 변신술이 워낙 출중한 놈이라······."

재롬의 이름을 듣자 호닉스의 눈썹이 미세하게 흔들렸다.

"음, 그래야지. 곧 잡히겠지. 그까짓 게 도망가면 어디로 가겠나?"

"그나저나 난쟁이, 내 느낌으로는 타임 퍼즐이 곧 반응할 것 같다. 타임 퍼즐이 언제 열릴지 정확히 알아내야 한다, 꼭."

호닉스는 마법의 힘을 시계탑에 집중시키며 그곳에서 나오는 마법의 힘을 느끼고 있었다.

"네, 주인님. 재롬 녀석도 어딘가에 미꾸라지처럼 숨어 있을 수도 있고, 야쾨장에게 가서 확인해 보도록 하겠습니다. 아, 그런데 야쾨장이 조금 이상합니다. 주인님을 사무실로 모시고 난 후 그날 저녁 저를 한참동안 몰래 지켜보고 있었습니다. 저기 보십시오. 지금도 우리를 몰래 지켜보고 있는 것 아닙니까?"

난쟁이가 손가락으로 가리켰다. 건너편 행사장의 본부석에 앉아 있던 야쾨장이 망원경을 끼고 유심히 자신들을 보고 있는 것 같았다.

"아, 그래? 태연하게 있어라. 너의 본 모습이 잠시 보였던 것 같구나. 그래서 갑자기 너와 나를 의심하는 마음이 들기 시작한 것 같은데, 곧 본색을 드러내겠지. 잠깐 두고 보자꾸나. 흐흐."

호닉스가 조용히 귀에 대고 속삭였다. 난쟁이가 가만히 고개를 끄덕였다. 난쟁이의 말대로 야쾨장은 벽 뒤에 선 채 자신들의 방향을 향해 망원경으로 쳐다보고 있었다.

1차 미션을 성공한 아이들은 함께 시계탑으로 이동했다. 네모난 시계에 고전과 미래 사회의 모습이 가미된 신비스러운 모습의 시계탑이었다. 주위로는 투명한 문이 설치되어 있었다. 아이들은 유리문을 살짝 손으로 만졌다. 그러자 환한 빛이 반짝하더니 유리 위에 투명한 번호판이 보였다.

연관성을 추론하여 비밀번호를 누르시오.
7398 ➡ 5276 ➡ (　　　)

비밀번호를 누르면 문이 열리는 것 같았다.
"연관성을 추론하래. 이 숫자 간의 연관성이 있나 봐."
"7398과 5276이 무슨 관계가 있지?"
문제를 보던 세라가 피식 웃었다.
"엥, 이게 뭐야? 이거 엄청 쉬운데?"
"응?"
모두가 놀라서 세라를 보았다.
"바깥쪽에 있는 숫자 7과 8을 곱하면 56이 되고, 3과 9를 곱하면 27이 돼."
"우와."

아이들은 자신도 모르게 박수를 쳤다.

"나 이런 거 곱셈 배우던 동생한테 많이 냈었어."

"그럼 5276은 5×6=30, 2×7=14, 3140이 답인 거야?"

"그렇지."

아이들은 3140을 눌렀다. 화면을 막고 있던 투명한 문이 스르륵 공중에서 흔적도 없이 사라졌다. 고체에서 기체로 바로 기화되는 메티스에서 만든 투명한 신물질이었다.

"우와, 정말 세라 말이 맞았어."

아이들은 박수를 쳤다. 뿌연 연기처럼 사라져 버린 투명한 문이 신기했다. 아이들은 시계탑을 터치했고 대회 종료를 알리는

레이저가 하늘에 비추었다. 아이들이 미션을 모두 해결하자 행사는 마무리되었다. 아이들은 다른 소년 선글맨들의 시샘을 한 몸에 받았다.

"1등을 한 팀이 나왔군. 행사는 여기에서 마치겠다. 1등을 한 친구들에겐 나중에 회장님께서 큰 상을 내리실 것이다."

황금문이 행사 종료를 알렸다.

아이들은 돌아오는 길에 재롬이 떨어뜨린 쪽지를 몰래 읽었다.

> 닉처어사쟁가와심가야호 근있해난스에조키이
> 암호 해독 키 : 우리를 이곳으로 오게 한 절대 퍼즐

4칸의 암호로 쓰인 쪽지, 놀라운 사실을 알게 되었다.

타	임	퍼	즐
3	1	4	2
호	닉	스	가
근	처	에	와
있	어	조	심
해	사	키	가
난	쟁	이	야

'호닉스가 근처에 와 있어. 조심해. 사키가 난쟁이야.'

아이들은 그제야 사키의 이상했던 행동들이 조금씩 이해가 되었다. 자신들 앞에 와서 유난히 거들먹거리고 잘난 체했던

것들, 이상한 암산 문제를 내며 자신과 대결하려 했던 것들. 또, 사키와 함께 있던 코주부 영감의 모습이 묘하게 호닉스의 얼굴과 겹쳐졌다.

"키도 그렇고, 얼굴 모양도 그렇고……."

난쟁이 옆에 있던 큰 사내, 누구의 추리랄 것도 없이 코주부 영감이 호닉스라는 사실은 점점 분명해졌다.

"그 사람이 호닉스가 틀림없어."

깜짝 놀란 아이들은 마음이 더 바빠졌다. 하루빨리 시간의 문을 찾아 돌아가야 했다.

공부에 도움이 되는 수학·과학 톱아보기

★톱아보기란?
'자세히 살펴보다'라는 뜻의 순우리말입니다.

1. 다음에 기술된 사각형의 정의를 보고 바르게 연결하세요.

❶ 사각형 • • 네 각이 모두 직각이고, 네 변의 길이가 모두 같은 사각형

❷ 직사각형 • • 네 개의 선분으로 둘러싸인 도형

❸ 마름모 • • 마주 보는 두 쌍의 변이 서로 평행인 사각형

❹ 사다리꼴 • • 네 변의 길이가 모두 같은 사각형

❺ 평행사변형 • • 마주 보는 한 쌍의 변이 서로 평행인 사각형

❻ 정사각형 • • 네 각이 모두 직각인 사각형

2. 다음의 경우에서 한붓그리기가 가능하지 않은 경우는 무엇입니까?

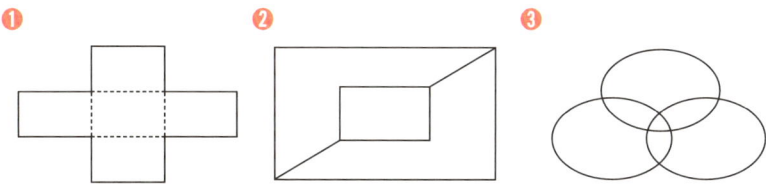

3. 한붓그리기를 해 보세요.

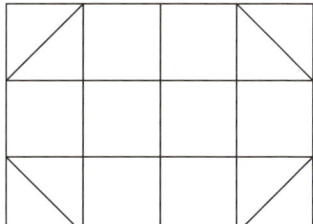

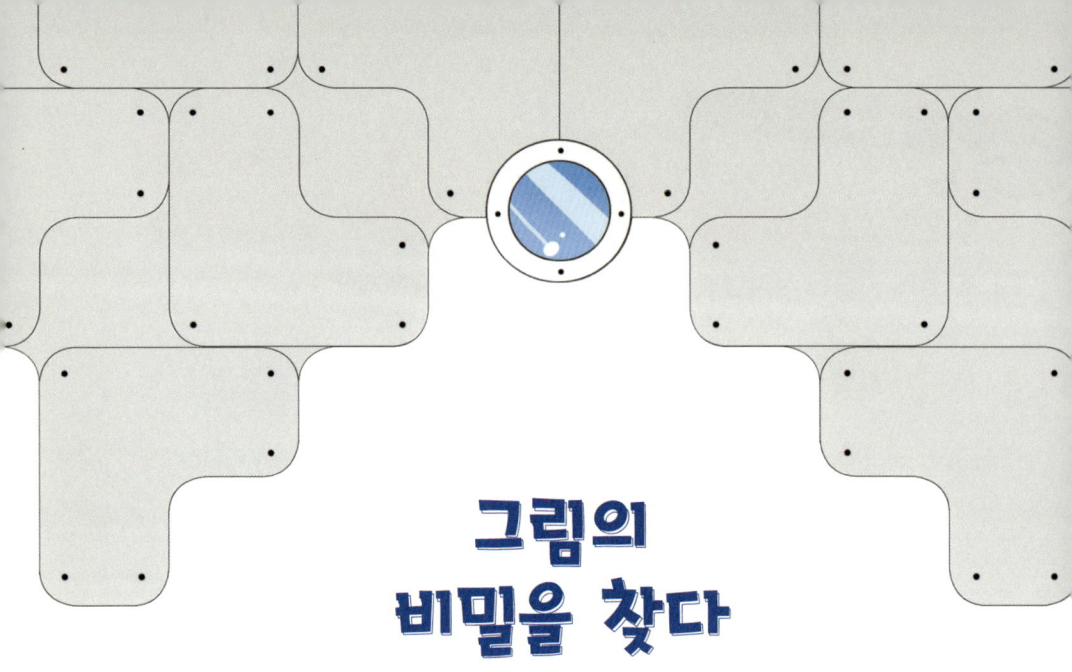

그림의
비밀을 찾다

　새로운 시간 체계와 타임 퍼즐의 혼돈, 그리고 호닉스와 난쟁이의 등장. 혼란스러운 가운데서도 아이들의 머릿속 퍼즐이 조금씩 맞추어져 가고 있었다.
　"그때 책에서 봤던 시계탑이 진짜로 나타났고……."
　"도대체 이 그림은 무얼 의미하는 것일까? 시간의 문은 다시 열린다. 도대체 이 그림이 뭐지?"
　대회에서 돌아온 아이들은 재민이가 찍어왔던 그림을 종이에 옮겨 유심히 살펴보고 있었다. 시간의 방을 통과하면서도 핸드폰을 손에 꼭 쥐고 가지고 온 재민이가 새삼 대견했다.

일단 시간의 체계가 어떻게 변화되는 건지에 대해 수학적으로 풀어 보았다. 차분한 계산을 통해 24시간(1,440분) 체계 속의 1시간이 16시간 체계 속에선 60분에서 90분으로 변하게 된 것을 알아냈다.

"그렇다면 가로선 12개의 비밀, 두 수의 최소공배수는 24, 이게 도대체 무슨 말일까?"

"혹시 12와 어떤 수의 최소공배수가 24라는 것 아닌가?"

"응, 그렇겠다."

아이들은 12와 함께 최소공배수가 24가 되는 수를 찾기 시작했다.

"24의 약수를 찾으면 돼. 최소공배수가 24라는 것은 거꾸로 말하면 그 수는 분명 24의 약수일 수밖에 없으니깐. 그 수는 그럼 24의 약수인 1, 2, 3, 4, 6, 8, 12, 24 중 하나야."

"가로선 12개의 비밀이라고 했어. 그럼 이 옆으로 가로선을 그리면 되는 게 아닐까? 그리고 숫자를 찾는 거지."

"아……."

알 듯 말 듯 될 듯 안 될 듯 조금씩 실마리가 잡혔다. 아이들은 가로선 12개를 그곳에 그려 보기 시작했다.

"어? 잠 잠시만."

세라의 목소리가 떨렸다. 모두 세라를 쳐다보았다.

"자, 이것 봐. 가로선 12개를 연결하면 글씨가 나와. 잘 봐 봐."

세라가 떨리는 손으로 그림을 그렸다. 가로선 12개를 연결하자 숨어 있던 글씨가 나오기 시작했다.

"8일 후?"

"시간의 문은 8일 후에 열린다?"

"응, 시간의 문이 8일 후에 열린다는 말이야."

수수께끼 같은 그림이 풀리는 순간이었다. 하지만 아이들은 자신들이 지금까지 머물렀던 시간을 차근차근 계산한 후 이내 걱정에 휩싸였다. 시간의 문이 열리는 시간은 바로 다음 날인 내일이었다. 사키는 몰래 숨어서 이것을 엿듣는 것에 성공했다.

야쾨장의 사무실, 황금문이 야쾨장의 책상 앞에 서 있었다.

24시간제를 16시간제로 바꾸기

1. **시간제 바꾸기**
   ① 하루는 24시간(즉 1,440분, 86,400초)이다.
   ② 하루 24시간은 한 시간에 60분이다.
   ③ 하루가 16시간으로 바뀌게 된다면 1,440분÷16=90분, 한 시간은 90분이 된다.
   ④ 즉, 16시간제에서 한 시간은 90분, 5,400초가 된다.

2. **약수와 배수 구하는 방법**
   배수와 약수의 관계는 곱셈과 나눗셈으로 나타낼 수 있다.
   ① 나눗셈하여 나누어떨어지는지 확인한다.
   ② 곱셈하여 본다.
   ③ 서로의 관계를 확인하여 약수와 배수를 구하면 된다.

   > ○×◇=□
   > □÷○=◇
   > ○와 ◇의 배수는 □
   > □의 약수는 ○, ◇이다.

   곱셈으로 나타내기
   ○×◇=□

   1×6=6
   2×3=6
   1과 6의 배수는 6
   2와 3의 배수는 6
   6의 약수는 1, 2, 3, 6이다.

   나눗셈으로 나타내기
   (나누어떨어져야 함)
   □÷○=◇

   6÷1=6, 6÷2=3
   6÷3=2, 6÷4=2…2
   6÷5=1…1, 6÷6=1
   (6을 나누어떨어지게 하는 1, 2, 3, 6이 6의 약수가 된다.)

"회장님, 잠시 말씀드릴 일이 있습니다."

"뭔가?"

황금문이 잠깐 주저했다.

"저, 이것을 한번 들어보십시오. 조금 전에 행사장에서 있었던 내용입니다."

황금문은 들고 있던 물건을 틀어 조용히 야퀴장의 귀에 가져다 댔다.

"행사장에서 호 사장과 사키가 이야기했던 내용입니다. 대회장 곳곳에 음성 장치를 부착하였는데, 의도하지 않았지만 본부석에서 수신하게 되었습니다."

"음……."

회장이 인상을 찌푸렸다. 거기에는 호닉스와 난쟁이가 조용하게 대화한 이야기들이 녹음되어 있었다. 자신에 관한 이야기도 포함되어 있었다.

"그리고 이것을 듣고 제가 호 사장과 사키의 머리카락을 몰래 입수해 DNA를 함께 분석해 봤습니다. 놀랍게도 지구상에 어떠한 유전자와도 일치하는 게 없었습니다. 이들은 이 세상 사람들이 아닌 것 같습니다."

"음……."

야퀴장은 계속 아무 말이 없었다. 긍정도 부정도 하지 않는 모습에 황금문은 애가 탔다.

"이런 말씀드리기는 죄송하지만, 이들이 의도적으로 회장님께 접근해서 무언가 나쁜 짓을 계획하고 있는 것 같습니다. 얼마 전 처음 우리 회사로 왔을 때부터 모든 것이 수상쩍습니다."

황금문이 용기를 내어 말했다.

"얼마 전? 사키가 입사한 지 얼마나 됐지? 난 몇 년이 되었다고 생각했는데……."

"네? 회장님 사키가 우리 회사로 들어온 것은 고작 열흘 남짓입니다."

"그래? 고작 열흘밖에 안 됐단 말인가?"

야쾨장은 머리를 세게 맞은 느낌이었다. 점점 호닉스의 콩깍지 마법이 풀리고 있었다. 야쾨장은 뭔가 생각에 잠기다 다시 멍해지며 머리를 세차게 흔들었다.

그림의 비밀을 찾다 · 155

"회장님, 괜찮으십니까?"

황금문이 호 사장에게 바짝 다가가고 있었다. 야쾨장의 머릿속은 새하얗게 변하며 아무 생각이 들지 않았다.

"황금문! 왜 내 머릿속에서 아무 생각을 할 수가 없는 거지? 사실 어제부터 아무것도 할 수가 없다."

"네?"

"그리고 사키가 왜 자꾸 흉측한 난쟁이 모습으로 보이는 거지? 너도 그렇게 보이나? 아, 아니다."

야쾨장이 고개를 절레절레 흔들며 눈을 감았다.

"저기 회장님, 호 사장과 사키에 대해 제가 조사해 보겠습니다. 회장님께서 사키와 호 사장이 온 이후로 힘들어하고 계십니다. 분명 무언가가 있을 겁니다."

"정말 그런 것이냐? 그래도 될까? 아, 모르겠구나. 나도 내 마음을 잘 모르겠어."

야쾨장이 갑자기 머리를 쥐어뜯었다. 얼굴은 수심으로 가득 찼다.

"회장님."

황금문이 야쾨장의 손을 잡았다.

"분명 무언가 잘못되고 있는데, 나도 나를 통제하지 못하겠구나. 아무것도 하기가 싫고, 두렵고 모든 게 혼란스럽다. 몸과 마음이 모두 너무 힘이 드는군."

어느새 야쾨장의 눈에 눈물이 맺혔다.

"회장님, 모든 것을 저에게 맡겨 주십시오. 제가 조치하겠습니다."

야쾨장의 눈물을 본 황금문이 황급히 방을 빠져나왔다.

'안 되겠어. 내가 나서야겠어. 이러다간 아주 큰일이 나겠어.'

황금문은 자신의 사무실에서 한참을 고민하다 이것저것 자료가 될 만한 것들을 찾았다.

한편 아이들에게 쪽지를 남기고 대회장을 탈출한 재롬은 아이들을 구할 방법을 생각했다. 야쾨장의 공격과 호닉스의 등장, 혼자만으론 힘에 부치는 게 사실이었다.

"아, 맞다! 박 탐정님."

재롬은 괴박사 집에서 보았던 박 탐정이 생각났다.

"괴박사님 집에 가면 연락처가 있을 거야."

새로 변한 재롬은 하늘 높이 날아올랐다. 그리고 특유의 촉으로 방향을 찾아 괴박사의 집으로 향했다. 한참을 가다 보니 산 밑에 우스꽝스럽게 보이는 괴박사의 집이 보였다.

괴박사의 집은 문이 굳게 닫혀 있었지만, 재롬은 환풍구를 통해 안으로 들어갈 수 있었다.

"여기 그대로 있구나."

탐정이 주고 간 명함이 거실 위 탁자에 그대로 놓여 있었다. 재롬은 그 연락처로 전화를 걸었다. 묵직한 박 탐정의 목소리가 들려왔다.

"네, 박 탐정입니다. 흠흠, 누구십니까?"

"저, 지난번에 괴박사님 집에서 보았던 아이들 중 한 명인데요, 이름은 재롬이라고 합니다."

"어, 그래. 그렇지 않아도 내가 찾고 있었는데……. 가만, 이 번호는 괴박사님 집이 아니니? 너희들 집으로 돌아왔니? 내가 얼마 전에 가 보니 문이 닫혀 있던데……."

"그렇지 않아도 그 일로 전화드렸어요. 지금 괴박사님과 제 친구들이 메티스 제약 회사 안에 잡혀 있어요."

"거기 그대로 기다려라. 흠흠, 내가 바로 달려가마. 꼼짝 말고 있거라."

박 탐정은 30분도 안 되어 괴박사 집으로 왔다. 헐레벌떡 들이닥친 박 탐정은 숨을 헉헉거렸다. 재롬은 자초지종을 이야기하기 시작했다. 인터뷰하러 갔던 괴박사가 납치가 되었던 이야기, 그리고 괴박사를 찾으러 갔다가 자신만 간신히 탈출한 이야기까지 덧붙였다.

"이 녀석들이 나쁜 짓이란 나쁜 짓은 다 하고 있군. 넌 여기서 기다리고 있거라. 가서 내가 해결하고 오마. 나에게는 최첨단 장비가 아주 많단다. 흠흠. 너에게만 말해 주는 건데 난 그 연구소의 설계도도 가지고 있어."

"그런데 어떻게 하실 건지……."

"어떻게 하다니. 지금 가서 박사님을 구해 내야지. 내 당장 가서 다들 혼을 내주고 말겠어."

"그니깐 어떻게 혼을 내실 건지……."

"아, 그렇군. 흠흠, 조금 더 구체적인 계획을 생각해야겠군."

박 탐정은 정의감에 불탔지만 이름 그대로 허당끼가 많았다.

"그럼 우선 차에서 장비 좀 챙겨 봐야겠군. 근데 넌 어떻게

그곳에서 탈출하고, 여기는 어떻게 들어온 거냐? 아, 아니다. 그게 중요한 것은 아니지. 좋아, 그럼 네 말대로 오늘은 여기에서 작전을 짜고, 내일 아침에 일찍 출동하도록 하자."

 박 탐정은 가지고 있던 태블릿을 켜고 점검을 시작했다. 우당탕탕, 뚝딱뚝딱 무언가도 만들었다. 재롬은 괴박사의 방으로 들어가 그때 같이 가지고 놀았던 반사막, 전압 장치 등 괴박사의 발명품들을 가방에 넣었다.

공부에 도움이 되는 수학·과학 톺아보기

★톺아보기란?
'자세히 살펴보다'라는 뜻의 순우리말입니다.

1. 1, 2, 3, 5, 7의 배수마다 해당하는 숫자에 표시하세요.

   (2의 배수 ○표, 3의 배수 △표, 5의 배수 ☆표, 7의 배수 □표)

1	2	3	4	5	6	7	8	9	10
11	12	13	14	15	16	17	18	19	20
21	22	23	24	25	26	27	28	29	30
31	32	33	34	35	36	37	38	39	40
41	42	43	44	45	46	47	48	49	50
51	52	53	54	55	56	57	58	59	60
61	62	63	64	65	66	67	68	69	70
71	72	73	74	75	76	77	78	79	80
81	82	83	84	85	86	87	88	89	90
91	92	93	94	95	96	97	98	99	100

※ 에라토스테네스는 위와 같이 배수를 차례로 지워 나가면서 소수를 찾아보았어요. 이런 방법을 에라토스테네스의 체라고 한답니다. 소수는 1과 자기 자신 이외의 약수가 없는 수를 말해요.

2. 배수와 약수 중 □ 안에 알맞은 말을 써넣으세요.

   3×4=12라면 3과 4는 12의 ☐ 이고,

   3, 4의 ☐ 는 12이다.

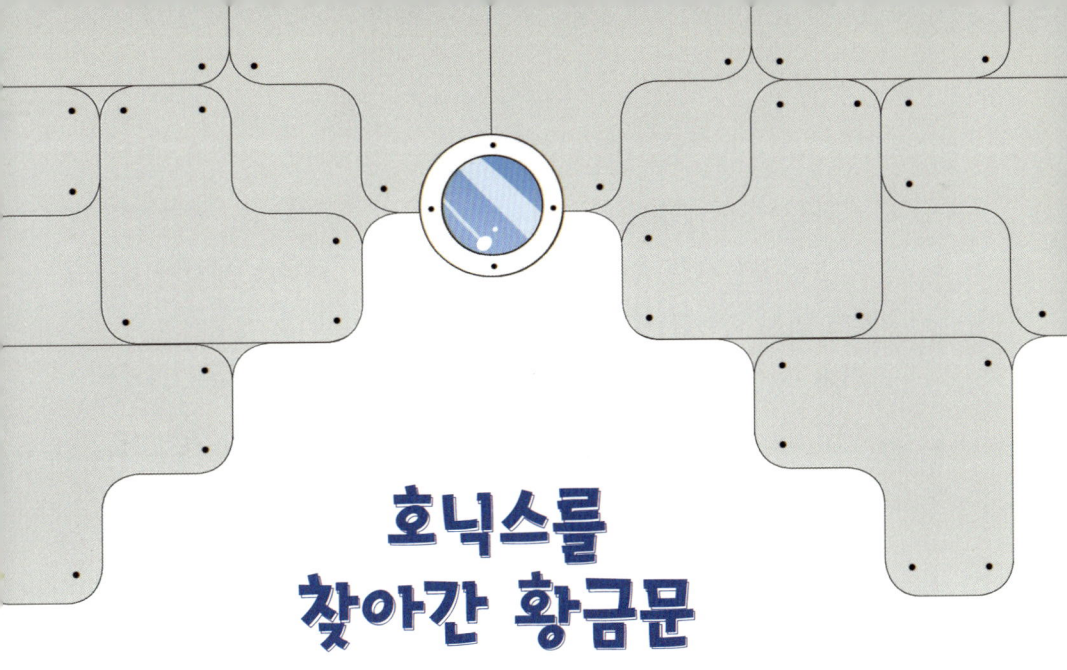

호닉스를 찾아간 황금문

"주인님, 주인님! 드디어 알아냈습니다. 타임 퍼즐이 내일 열린다고 합니다."

오랜만에 보는 난쟁이의 호들갑이었다.

"아, 그래? 정말이더냐?"

호닉스도 눈이 번쩍 뜨이는 이야기였다.

"아이들이 알아낸 것을 제가 몰래 가서 엿듣고 왔습니다. 12라는 숫자와 최소공배수를 이용해서 8일 후에 열린다는 타임 퍼즐의 글자를 알아냈습니다."

"그래? 아주 제법이야."

호닉스가 고개를 끄덕였다.

"내일이면 시간 에너지를 먹을 수 있겠군. 바닥을 적시며 흐르고 있는 축축한 시간 에너지가 내 속으로 들어올 것이다."

"네, 주인님. 마법의 힘을 회복하실 수 있는 절대적인 시간을 갖게 되는 것이죠. 그리고 호닉스님은 예전처럼 마법의 일인자로 돌아가시게 될 겁니다."

"그래, 난쟁이 아주 잘했다. 이제 나도 준비를 좀 해야겠군."

호닉스는 난쟁이의 머리를 쓰다듬었다. 난쟁이는 기분이 좋은지 몸을 배배 꼬았다. 호닉스는 곧바로 주문을 외우기 시작했다.

"$\frac{1}{2}$ 요리통추저리뽕."

그러자 호닉스가 가지고 있던 커다란 상자가 조그맣게 변했다. 눈앞에 있던 커다란 상자가 손으로 들 수 있는 크기로 변한 것이 난쟁이는 마냥 신기하기만 했다.

"커다란 직육면체인 시간의 방이 변할 때를 대비한 연습이다. 우리는 타임 퍼즐이 작아지는 것도 대비해야 한다. 타임 퍼즐은 자유자재로 크기를 조절한다고 하지. 그래서 난 지금 마법을 통해 조금 전 상자의 길이를 절반으로 줄여 보았다."

호닉스는 작아진 상자를 손에서 이리저리 굴리며 무척 흡족해했다.

"그런데 호닉스님 전체 크기가 더 작아진 것 같습니다. 길이는 절반으로 줄어들었는데, 전체 크기는 확 줄어들었습니다."

"오, 난쟁이 제법이군. 그 차이를 보는 눈이 생겼다니……."

"모든 게 주인님 덕분이지요. 하지만 그 원리는 잘 모르겠습니다. 자세히 설명해 주십시오."

난쟁이가 호닉스에게 납작 엎드렸다. 호닉스는 만족스러운 듯 고개를 끄덕이며 거드름을 피웠다. 실로 오랜만에 보는 호닉스다운 모습이었다.

"흐흐흐, 원리를 알아내는 것은 원래 조금 어려운 것이지. 자, 여기 길이가 10cm인 선이 있다. 이것을 5cm로 줄이면 어떻게 되느냐?"

"절반으로 줄어들었습니다."

"그렇다. 그럼 그 10cm를 가로와 세로로 하는 정사각형이 있다면 넓이는 어떻게 되느냐?"

"10cm가 한 변이라면 큰 정사각형은 100㎠, 5cm가 한 변이라면 25㎠…… 100:25이면……. 어, 절반이 아니라 반의반으로 줄어든 것 아닙니까?"

"그렇지. 반의반, 즉 $\frac{1}{2}$의 $\frac{1}{2}$인 $\frac{1}{4}$로 줄어든 거지. 다시 말하면 4배의 차이가 나는 것이다."

"길이는 2배 차이가 나는데, 똑같은 길이를 이용한 넓이는 4배 차이가 나게 되는군요."

"그렇다. 이해력이 제법이군."

호닉스가 고개를 끄덕였다.

"그럼 그것을 높이까지 세워 보아라. 가로, 세로, 높이가 10cm인 정육면체의 부피와 가로, 세로, 높이가 5cm인 정육면체의 부피는 어떻게 되느냐?"

"아, 주인님 그건 제가 계산을 아주 빠르게 해 보이겠습니다. 암산으로 가능합니다. 큰 정육면체는 10×10×10으로 1,000㎤가 되고, 작은 정육면체는 5×5×5니깐 125㎤가 됩니다. 어? 그럼 125보다 1,000이 8배 차이가 나는 것 아닙니까? 125에 8을 곱해야 1,000이 됩니다."

난쟁이가 순식간에 암산을 했다.

"오, 제법이구나. 계산이 아주 빠르고 정확해졌어."

호닉스가 난쟁이의 머리를 쓰다듬자, 난쟁이는 좋아서 킥킥거렸다.

"이렇게 길이가 2배면 넓이는 4배, 그리고 부피는 8배로 차

이가 나게 되는 거다. 즉, 길이가 2배 늘어나면 넓이는 4배, 부피는 8배가 커질 것이고, 길이가 $\frac{1}{2}$배 줄어들면 넓이는 $\frac{1}{4}$배, 부피는 $\frac{1}{8}$배가 되는 것이지."

"주인님의 앎의 경지는 늘 경이롭습니다."

난쟁이가 고개를 숙이고 허리를 배배 꼬았다.

마법에 빠져 한참을 그렇게 연습을 하고 있을 때였다.

"안녕하십니까?"

문소리와 함께 누군가가 들어왔다. 황금문이 아이들과 함께 호 사장의 방으로 들어오고 있었다.

"아, 아니 무슨 일로……."

길이, 넓이, 부피의 관계 비교 정리

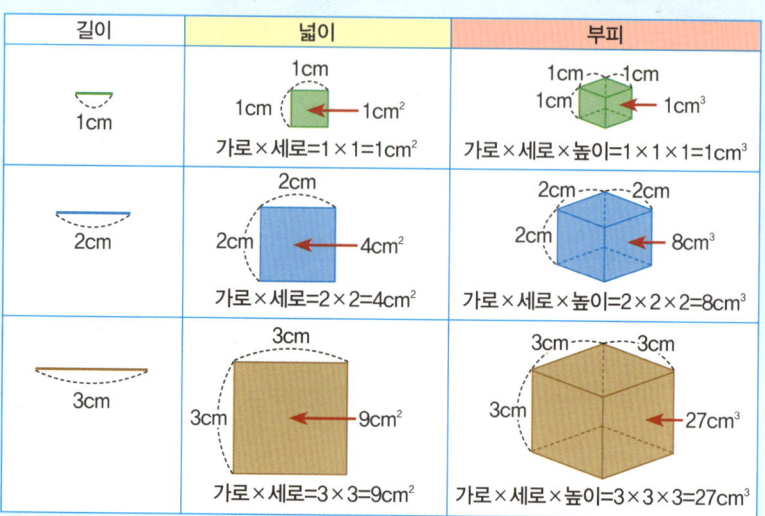

길이가 2배 차이가 나면 넓이는 4배, 부피는 8배 차이가 난다.
길이가 3배 차이가 나면 넓이는 9배, 부피는 27배 차이가 난다.

⋮

길이가 10배 차이가 나면 넓이는 100배, 부피는 1,000배 차이가 난다.
길이가 100배 차이가 나면 넓이는 10,000배, 부피는 1,000,000배 차이가 난다.

TIP. 태양과 지구의 부피
태양과 지구의 길이는 109배이지만 부피를 계산하면 109×109×109=1,295,029배 차이가 난다. 즉, 태양의 속이 텅 비어 있다면 지구라는 구슬을 1,295,029개를 넣을 수 있다는 이야기가 된다.

태양   지구   길이 109:1
              부피 1,295,029:1

한참 마법에 빠져 있던 호닉스가 깜짝 놀랐다.
"아, 사키 팀장도 여기 있었군."
"아, 오셨습니까?"
난쟁이는 뭔가를 들킨 것처럼 얼굴이 빨개졌다.
"사키 팀장, 요즘 영 보기가 힘들군. 다른 건 아니고, 오늘 호 사장님께 소개해 드릴 아이들이 있어서 데리고 왔습니다. 호 사장님과 함께 일을 하면 좋을 것 같아서요. 지금 회장님은 바쁘셔서 제가 대신 왔지요."
"음, 그렇군. 아주 똑똑한 아이들인가? 자, 거기에 앉지."
호닉스는 자신의 사무실에 있는 소파에 모두를 앉도록 했다. 그 순간 호닉스와 눈이 마주친 동진이는 다리가 후들거렸다. 안 그러려고 했지만 자신도 모르게 손과 발이 떨렸다.
가까이서 보니 호닉스의 모습이 그대로 투영되어 있었다. 기다란 키에 구부정한 허리, 그리고 큰 코와 풀어 헤친 머리 모양, 호닉스가 분명했다. 옆에 앉아 있는데 무언가 찌릿찌릿 음습한 기운이 느껴지는 것 같았다. 아이들은 자신도 모르게 호닉스와 조금 떨어져 앉았다.
"어? 호 사장님은 수학을 참 좋아하나 봅니다. 이건 수학 문제가 아닙니까?"
"아, 좀 심심해서 말이지."
호닉스의 책상에는 복잡한 수학 계산과 문자가 어지럽게 쓰여 있었다. 황금문이 가까이 가서 보려고 하자 호닉스는 종이를 자연스럽게 덮었다. 직육면체의 크기를 바꾸는 마법이 그림과 함께 끄적끄적 적혀 있었다.

"아, 이런 죄송합니다. 제가 예의 없이 행동했나 보군요."

말은 그렇게 했지만, 황금문은 방을 여기저기 돌아다니며 두리번거렸다.

"어? 이 상자가 원래 이렇게 작았나?"

눈썰미가 좋은 황금문이 놓여 있던 직육면체 상자를 유심히 보았다. 호닉스의 마법으로 작아진 상자였다.

"아, 당연히 그렇겠죠. 그게 어찌 크기가 변하겠소?"

난쟁이가 어색하게 큰 소리로 말했다.

"근데 호 사장님은 원래 어디에서 계셨습니까?"

"아, 여기서 조금 떨어진 곳이오."

"그럼 사키 팀장도 거기에서 알고 지내신 건지······."

"아, 사키는······ 나와 일을 오랫동안 했지."

"그나저나 호 사장님은 어떤 일을 하고 계십니까?"

"허허, 오늘따라 나에게 궁금한 게 많나 보군."

불쾌한 호닉스는 말을 하다 말고 황금문을 바라봤다. 그 모습을 본 난쟁이가 옆에 있다가 황금문을 막아섰다.

"그런데 황금문 팀장이 무슨 일로 오신 거요? 이곳에 온 걸 회장님은 알고 계시는 건가?"

황금문은 묻는 말에 대꾸도 하지 않고 난쟁이를 바라봤다. 내가 하는 일들은 모두 회장님이 허락한 것인데, 왜 나서냐는 그런 표정이었다. 그제야 황금문은 아이들이 앉아 있던 소파로 돌아왔다.

"이 친구들이 지난번 공원에서 개최된 대회에서 1등으로 미션을 풀어냈던 아이들입니다."

"음……."

모든 걸 알고 있었지만 호닉스는 짐짓 모른 체했다.

"회장님께서는 이 친구들을 호 사장께 소개해 주라고 하셨습니다. 그리고 호 사장께서 아이들의 실력이 어느 정도인지 확인해 달라고 부탁하셨습니다."

사실 황금문이 지어낸 말이었다. 자신이 잘 알지 못하는 호닉스와 아이들을 만나게 해서 이들을 테스트해 보려는 것이었다.

"아, 그렇군."

호닉스가 고개를 끄덕였다.

"자, 이리 가까이 한번 와 봐. 얼굴 한번 보게."

호닉스가 아이들을 가까이 불렀다.

"난 사람의 얼굴을 보면 그 사람의 실력을 다 알 수 있지? 관심법이라고 들어 봤나?"

"네?"

"사람의 마음을 보려면, 그 사람의 얼굴을 봐야 하지 않겠소? 흐흐."

호닉스가 아이들과 황금문을 쓰윽 쳐다보았다. 무언가 섬뜩한 눈빛에 아이들이 움찔했다. 재민이는 순간적으로 고개를 숙였다. 의도적으로 호닉스의 눈을 마주치지 않으려는 생각이었다.

"미션을 1등으로 풀어냈다고? 계산을 잘하나 보군. 어떻게 수학도 잘하나?"

"아, 물론입니다."

재민이가 고개를 들고 호닉스를 보며 씨익 웃었다. 옆에 있던 아이들이 당당한 재민이의 말에 놀라서 재민이를 쳐다보았다.

"아, 그래?"

호닉스도 약간은 당황한 것 같았다.

"얘들아, 그렇지 않니? 우리 수학 잘하잖아. 수학 게임 때마다 이겼고……."

"그 그렇지."

찬혁이도 얼떨결에 대답했다.

"수학 게임 좀 했나 보지?"

"물론입니다. 수학을 잘 배우면 착하게 써먹을 수 있겠더라고요. 나쁜 수학자들이 제 꾀에 당하는 것을 많이 봤죠. 하하하."

예전 호닉스를 골려 주며 분노케 했던 대로 호닉스 옆에서도 기죽지 않으려는 의도된 말이었다. 호닉스는 재민이의 웃음에 약간 마음이 상했다. 왠지 조롱받는 듯한 느낌이 들며 얼굴이 조금 붉게 달아올랐다.

"아니, 누가 들으면 여기에 나쁜 수학자라도 있는 줄 알겠군."

난쟁이가 호닉스의 눈치를 보며 말했다.

"모르지. 조금 찔리는 사람이 있을지도……."

이번에는 황금문이 말했다. 호닉스는 이상하게 자신에게 계

속 향하는 시선에 기분이 좋지 않았다.

"마음이 나쁜 사람들은 아무튼……. 뭐, 해 본 사람은 잘 알겠죠. 그렇지 않나요?"

'음, 이 자식들을 모두 다…….'

화가 난 호닉스는 마법을 쓰고 싶었지만, 난쟁이가 옆에서 눈빛으로 호닉스를 말렸다. 그렇게 이야기를 마치고 황금문은 아이들과 함께 밖으로 나왔다.

"너희들 말이야."

"네?"

"아주 씩씩하고 당차더구나."

아이들이 황금문을 바라보았다.

"이 아저씨랑 잠깐 이야기 좀 할까?"

"아, 아니다. 다시 괴박사와 함께 보도록 하지. 조만간 부르겠다."

호닉스의 방에서 나온 황금문이 아이들에게 무언가를 말하려다 말고 그냥 보냈다. 그렇게 애매한 시간을 보내며 아이들 모두 방으로 내려왔다. 시간의 문이 열리기 하루 전날 밤이었다.

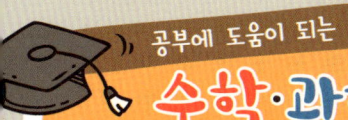

★톱아보기란?
'자세히 살펴보다'라는 뜻의 순우리말입니다.

1. 길이, 넓이, 부피의 관계를 그림을 그려서 설명하세요.

> 길이가 10cm에서 20cm로 늘어날 때

2. 지구의 지름은 12,700km, 태양의 지름은 1,400,000km로 무려 109배가 차이가 납니다. 그럼 지구와 태양의 부피는 얼마나 차이가 날까요?
(계산기를 사용해서 풀어 보세요.)

박 탐정과 재롬의 잠입

'특종! 특종! 메티스 제약 회사 관련. 안으로 오시면 무슨 일인지 알게 됩니다. 들어오는 것은 알아서…….'

"이렇게 밑밥을 던져 놓으면 곧 냄새를 맡고 오겠지. 이놈들이 가장 무서워하는 곳은 언론사야. 텔레비전 기자들에게 특종 보도라고 거짓말을 좀 쳤지. 자, 그럼 이제 한번 가 볼까?"

괴박사의 집에서 하룻밤을 잔 박 탐정은 메티스 제약 회사에서 재미있는 일이 있을 거라며 여러 기자에게 아침 일찍 문자를 돌렸다. 그리고 불법행위 신고가 들어왔다며 메티스 제약 회사로 다짜고짜 전화를 건 후 재롬을 차에 태우고 야쾨장의 회사로 향했다.

"안녕하십니까? 보안 책임자와 연락을 하고 왔습니다. 조금 전에 통화했죠."

박 탐정은 정문에서 경비에게 경찰 면허증을 보여 주었다. 자신의 경찰 친구에게 받아서 사진만 몰래 바꾼 면허증이었다. 옆에 재롬은 모자를 깊이 쓰고 고개를 숙인 채 얼굴을 가렸다. 경찰이라고 하자 금방 통과가 되었다.

하지만 정문 안 모든 건물의 출입문은 굳게 닫혀 있었다. 사람들의 출입을 완전히 통제해 버린 것이다. 한참을 있었지만 개미 새끼 한 마리도 얼씬하지 않았다.

"어쩐지 너무 쉽게 정문을 열어 준다고 했어. 기다리다 지쳐서 가게 하려는 모양인데, 내가 그럴 줄 알았지. 흠흠, 지금부터 플랜B다. 준비됐나, 재롬?"

박 탐정은 차 트렁크를 열고 작은 가방 두 개를 꺼내 양쪽 어깨에 걸치고, 건물 앞에 있는 배수구 뚜껑을 살며시 열었다.

"오랜만에 실력 발휘 좀 해 볼까? 내가 이 통로를 다시는 이용 안 하려고 했는데, 예나 지금이나 냄새는 여전히 고약하군."

박 탐정은 여러 가지 생각에 잠겼다. 20여 년 전 아무것도 모르고 선글맨으로 지원했던 것은 자신만이 알고 있던 비밀이었다. 매일 반복되는 강도 높은 선글맨 훈련을 받다가 어느 날 주파수 작업을 한다고 끌려갔다. 일괄적으로 마취제가 투입됐지만, 중간에 마취가 풀려 버렸고 침대에서 기어 나와 무작정 도망을 쳤다.

'휴, 무서워 죽을 뻔했네. 내 뒤통수는 멀쩡한 거야? 여기 그대로 남아 있다가 완전히 실험 대상이 되어 죽겠군.'

아무것도 모르는 철부지 시절 지원했던 메티스 제약 회사, 그리고 탈출. 아무도 모르게 숨기고 싶은 과거였다. 사실 그 이후 지금도 귀 뒤가 윙윙거리며 원인 모를 두통에 가끔 시달리곤 했다.

'아, 도어는 이곳에 아직도 있을까? 지금까지 있었으면 꽤 높은 자리에 올랐겠군. 냉철한 녀석이었지.'

유도에 능했던 자신을 좋아했던 입사 동기가 생각났다. 20년이나 지났지만 너무도 선명한 기억이었다.

박 탐정과 재롬은 하수구 아래로 조심스럽게 내려가 바닥을 디뎠다. 철벅철벅, 배수로 바닥에 물이 흐르고 있었다. 퀴퀴한 악취가 코에 가득 찼다. 연구소 밑은 홍수를 대비해서 유난히 커다란 배수 통로가 설치되어 있었다.

"아, 여기군."

캄캄한 배수로 안쪽으로 한참을 걸어가자 통로 끝에 사다리가 보였다. 박 탐정이 젊은 시절 탈출할 때 보았던 그 모습 그대로였다.

"이쪽으로 그대로 올라가면 1층 배수실 하수구와 연결이 될 거야. 그 안으로만 들어가면 건물 내부 진입에 거의 성공하는 거지."

박 탐정이 앞장서 오르며 작게 속삭였다. 어린 재롬이 걱정했던 것보다 제법 잘 따라오는 게 대견했다.

"나사는 보통 시계 방향으로 돌리고, 풀 때는 반대 방향으로……."

박 탐정은 사다리 끝부분에 막혀 있는 나사를 렌치를 이용하여 흔들기 시작했다. 녹이 슬었는지 잘 움직이지 않아 땀을 뻘뻘 흘리며 힘을 쓰고 있었다.

"아이코, 겨우 풀었네."

마침내 네 개의 나사를 모두 풀었다. 박 탐정은 손과 어깨로 바닥을 힘껏 밀어 올리자, 철컹 소리를 울리며 통로가 열렸다.

'부디 아무도 없기를 바라며…….'

좁은 통로라 여의치 않았지만 머리와 어깨, 손 그리고 마지막으로 허리와 다리까지 완전히 올라가는 데 성공했다. 그리고 뒤따라오는 재롬에게 손을 내밀어 재롬이 올라오는 것을 도와주었다.

"탐정님, 대단하세요."

재롬이 엄지를 척 올렸다. 박 탐정은 기분이 좋은지 어깨를 으쓱했다. 재롬은 퀴퀴한 냄새를 계속 맡아서인지 머리가 띵하며 아파왔다. 요즘 계속되는 기분 나쁜 어지러움이었다. 둘은 잠시 앉아서 숨을 돌렸다.

"자, 여길 보렴. 흠흠, 이것은 이 연구소의 배치도야. 1:2,000으로 축소해 놓은 거지. 2,000배로 축소해 놓은 거라 조금은 작게 보일 수도 있어. 이것을 누를 때마다 배치도는 20cm×20cm의 원래 크기에서 10%씩 확대가 될 거야."

화면에 건물 안을 축소해 놓은 배치도가 보였다. 그리고 버튼을 누를 때마다 화면상의 배치도가 커졌다 작아지며 자유스럽게 움직였다.

"복도와 계단에는 보안 요원들이 곳곳에 깔려 있을 거야. 정상적으로 들어가는 것은 거의 불가능하지."

박 탐정이 태블릿 화면을 넘기며 말했다.

"비밀은 이거야. 이 연구소 안에는 숨겨진 비밀 공간을 꽤 많이 만들어 두었지. 스위치를 누르면 건물 안의 구조가 변하게 되는데, 그래서 벽 안 곳곳은 빈 곳일 확률이 높지. 아마도 엘리베이터 위 공간과도 연결되어 있을 거야."

태블릿 화면에 건물 속 비어 있는 공간으로 추정되는 부분이

빨간색으로 진하게 표시되었다. 재롬은 고개를 끄덕이며 유심히 여기저기를 살펴보았다.

"좀 더 보고 있겠니? 난 저기부터 확인 좀 해 봐야겠구나."

태블릿을 계속 이리저리 넘겨보는 재롬을 두고 탐정이 일어났다.

'아, 이게 이렇게 되는 거로구나.'

설계도를 자세히 살펴보니 재롬도 건물의 구조가 머릿속에 그려졌다. 머릿속에 나름의 방법을 구상하기 시작했다.

"재롬! 여기다. 이리 와 보거라. 통로를 찾은 것 같다."

확대와 축소를 비율의 개념으로 접근하기

기준량, 비교하는 양, 비율을 알고 문제를 해결한다.

① 기준량 : 처음 값(기준)
② 비교하는 양 : 처음 값이 비율을 통해 바뀐 나중 값
③ 비율 : 줄어들거나 늘어난 정도

구분	비율과 기준량으로 비교하는 양 구하기	비율과 비교하는 양으로 기준량 구하기
문제유형	가로가 30cm인 사진의 각 변을 80%로 축소했을 때 축소한 사진의 가로 길이의 값은?	각 변의 길이를 $\frac{4}{5}$로 축소한 사진의 가로가 24cm라면 처음 사진의 가로의 길이의 값은?
해석	기준량 30cm의 비율 80%를 구하기	비율 $\frac{4}{5}$로 줄여진 비교하는 양 24cm의 처음 값 구하기
계산	$30cm \times \frac{80}{100} = (\quad)cm$	$(\quad) \times \frac{4}{5} = 24cm$ $24 \div \frac{4}{5} = (\quad)$
공식	기준량×비율=비교하는 양	비교하는 양÷비율=기준량

*다른 문제도 기준량, 비교하는 양, 비율이 무엇인지 확인하고, 위의 공식을 적용하여 문제를 풀 수 있다.

잠시 후 탐정의 목소리가 들렸다. 탐정이 한쪽에서 손짓을 하고 있었다. 재롬은 태블릿을 메고 있던 가방에 넣고 벌떡 일어나 탐정에게로 갔다.

"자, 여기 소리를 들어 보렴."

옆으로 온 재롬을 보고 박 탐정은 배수실 천장을 두들기기 시작했다.

"턱턱."

"텅텅."

"퉁퉁."

소리가 조금씩 달랐다.

"너도 다르게 들리지?"

박 탐정이 씨익 웃으며 소리가 울리는 곳의 천장을 조심스럽게 떼어냈다. 놀랍게도 박 탐정의 말처럼 한 사람이 간신히 지날 수 있는 통로가 나타났다.

"탐정을 하려면 이런 비공식적인 루트를 잘 찾아야 하지."

박 탐정은 눈을 찡긋거렸다. 박 탐정과 재롬은 천장 위 통로로 조심스럽게 올라갔다. 다행히 바닥은 튼튼해서 두 사람이 앞뒤로 움직이기에 안전해 보였다.

"이쪽으로 가야 건물 내 엘리베이터로 가겠군."

통로에 올라간 박 탐정이 방향을 잡고 앞장서서 기어갔다. 하지만 수십 미터의 좁은 통로를 몰래 기어가는 것은 쉬운 일이 아니었다. 더욱이 덩치가 큰 박 탐정에게는 더욱 비좁았다.

"살이 더 쪘나 보군, 흠흠."

엘리베이터에 다다르자 박 탐정이 가쁜 숨을 쉬었다. 박 탐정과 재롬은 빈 엘리베이터 위로 조심스럽게 올라갔다. 그리고 그 위로 숨소리도 내쉬지 않고 가만히 매달렸다.

"딩, 문이 열립니다."

"딩, 문이 닫힙니다."

여러 사람이 오르내렸지만 누구도 위에 있는 이들의 존재를 눈치채지 못했다. 이들은 엘리베이터를 타고 무사히 10층까지 올라갔다.

엘리베이터에서 또 다른 옆 공간으로 이동을 해야 했다.

"자, 이제 마지막으로 옆으로 12칸 가기다."

"부스럭부스럭."

커다란 쥐가 살금살금 움직이는 것처럼 천장 위 공간 속 박 탐정과 재롬은 아주 살며시 한 칸 한 칸씩 움직였다.

드디어 1012호 천장, 박 탐정과 재롬은 조심스럽게 얇은 천장을 뜯어내기 시작했다. 하얀 천장을 뜯어내자 놀란 괴박사와 아이들이 천장을 쳐다보고 있었다. 둘은 아이들 사이로 아주 사뿐하게 뛰어내렸다.

"재롬?"

"탐정님? 어떻게 거기에서……."

시커먼 먼지가 여기저기 묻은 얼굴로 하얀 이를 드러내며 웃고 있는 둘을 보며, 괴박사와 아이들은 깜짝 놀라 어리둥절한 표정이었다.

"자, 모두 고생 많으셨죠? 이제 제가 왔으니 아무 걱정하지 마십시오, 흠흠."

박 탐정은 괴박사와 아이들을 안심시켰다.

"아, 이런……."

휴대전화를 찾던 박 탐정은 찢어져 너덜거리는 바지 한쪽을 보고 놀랐다. 아까 포복을 하다 모서리에 걸려 찢어진 것 같았다. 휴대전화도 그때 빠진 모양이었다.

"어떡하지? 동영상을 촬영해서 휴대전화로 전송해야 하는데……."

난감한 상황이었다. 박 탐정은 건물 밖으로 일단 나가기로 했다. 밖으로 나가 기다리고 있을 기자들을 활용할 생각이었다.

아이들이 먼저 방 밖에 있는 선글맨들을 불렀다. 아무것도 모르고 들어온 선글맨들은 박 탐정의 업어치기에 그대로 고꾸라졌다. 시간은 흘렀지만 유도 실력은 일품이었다. 선글맨들은 입에 재갈이 물린 후 손과 발이 순식간에 묶였다.

박 탐정은 일행을 이끌고 복도로 나왔다. 하지만 아래층을 보니 곳곳에 위치한 보안 요원들이 생각보다 너무 많았다. 지금 안전하게 내려가기는 불가능에 가까웠다.

"저에게 좋은 생각이 있어요."

찬혁이는 재롬이 메고 온 가방에서 물건 하나를 꺼냈다. 괴박사의 발명품인 가림막 반사판이었다.

"제가 재롬에게 가져오라고 부탁했어요. 복도 중간쯤에 반사판을 켜서 작동시키고 올게요."

찬혁이와 동진이가 말릴 틈도 없이 쓰윽 기어갔다. 평소 겁이

많은 동진이였지만 적극적으로 앞장서고 있었다. 복도 중간쯤에 반사판을 놓고 빛의 각도를 조절해서 벽의 모습을 반사하니 완전한 눈속임용 가상 벽이 생겼다. 누가 와서 만지지 않는 이상 전혀 알 수가 없었다. 괴박사와 박 탐정은 씩씩한 아이들이 너무 대단해 보였다. 아이들 일행은 모두 반사판 안으로 들어가 쥐 죽은 듯이 숨었다.

그 순간 재롬이 갑자기 헛구역질을 했다.

"왝, 왜 이러지?"

재롬은 속이 너무 메스꺼웠다. 자꾸 배 속 아래에서부터 헛구

역질이 나오며, 머리가 깨질 듯이 아팠다. 모두가 깜짝 놀라 재롬을 보았다.

"모두 죄송해요. 조금만 쉬게 해 주세요. 금방 괜찮아질 거예요."

재롬이 가쁜 숨을 쉬었다. 재롬은 누워 있으면서 드라버가 걱정스레 했던 말이 떠올랐다. 건강할 때는 괜찮지만 변신 상태에서 지치면 마법 에너지의 갑작스러운 고갈을 조심해야 한다고 했다. 지끈거리는 머리를 움켜잡다 마법의 시계가 빛을 잃고 회색빛이 되어 있는 것을 그제야 알았다.

'아, 언제 이렇게 됐지?'

재롬은 재빨리 마법 시계의 옆 단추를 길게 눌렀다. 드라버가 위급 상황에서 누르라고 했던 버튼이었다.

"안색이 많이 안 좋구나. 빨리 나갈 방법을 찾아야겠어."

반사판 뒤에서 걱정스럽게 재롬을 살펴보던 박 탐정은 조심스럽게 동태를 보고 오겠다며 나갔다. 벽으로 바짝 붙어 살금살금 걸음을 옮겼다. 그리고 다른 쪽 계단으로 올랐다.

'오, 이쪽이 상황이 더 좋군. 생각보다 정문까지 쉽게 빠져나갈 수 있을 것 같은데…….'

박 탐정이 건물 벽 쪽으로 난 문을 열자 여러 개의 방과 여러 갈래의 길들이 보였다.

'오케이, 아주 좋아. 이쪽에 빈틈이 있군.'

보이는 선글맨들은 다행히 아무도 없었다.

'자, 조금만 더 가 볼까?'

박 탐정이 방 안에서 소리가 나는지 살피며 살금살금 걸어가고 있었다. 갑자기 방문이 벌컥 열리며 선글맨 하나가 나왔다.

"여기 있다."

선글맨의 고함에 여기저기서 선글맨들이 몰려들었다. 박 탐정은 그대로 앞만 보며 줄행랑을 쳤다. 하지만 선글맨들을 따돌리기는 역부족이었다. 바퀴 달린 신발을 신고 긴 통로를 미끄러지듯 쫓아와 이내 앞뒤로 박 탐정을 둘러쌌다.

"미꾸라지 같은 놈, 여기 있었군."

선글맨 두 명이 박 탐정 위로 뛰어올랐다. 박 탐정은 덮치는 선글맨들의 힘을 역이용했다. 순식간에 선글맨 한 명이 앞으로 나가떨어졌다. 다른 한 명의 선글맨에겐 한 손으로 잡아 다리기술을 걸었다. 이내 옆으로 나가떨어졌다. 박 탐정은 흐트러진 중심을 다시 잡으며, 손을 앞으로 내밀어 유도 자세를 취했다.

"네 이놈들, 내가 청소년 국가 대표 유도 선수였다. 다 덤벼라."

그 순간이었다. 갑작스럽게 숨이 막히며 가슴이 빠르게 뛰기 시작했다.

"윽."

선글맨 한 명이 박 탐정의 입에 무언가를 대고 있었다. 박 탐정은 직감적으로 그것이 마취제임을 알았다. 박 탐정은 고개를 들어 발버둥을 쳤지만, 마취제를 벗어나기에는 역부족이었다. 박 탐정은 주위를 한번 둘러보고는 곧바로 옆으로 고꾸라졌다.

"꽤 센 놈이군. 드디어 잡았어."

선글맨들이 박 탐정 주위로 몰려들었다. 그리고 선글맨이 곧바로 보고했다.

"어떤 놈이야?"

또각또각 소리가 점점 가까워지며 누군가가 다가왔다. 황금문 팀장이었다.

"유도를 했는지 몸싸움에 아주 능한 놈이었습니다. 순식간에 저희 2명을 앞으로 메쳤습니다."

"그래? 실력이 좀 있는 모양이군. 얼굴 한번 볼까?"

황금문은 가까이 와서 쓰러져 있는 박 탐정의 몸을 옆으로 밀었다. 보이지 않던 박 탐정의 얼굴이 선글맨들에게 나타났다.

황금문은 박 탐정을 유심히 살펴보았다. 그리고 선글맨들에게 지시를 내렸다.

"자, 다른 놈들도 잡아라. 건물 경비를 강화하고 빠져나가지 못하게 해. 서둘러서 움직여. 이놈은 내가 처리하겠다."

팀장의 명령에 선글맨들은 재빠르게 움직였다. 순식간에 모두 사라졌다. 바닥엔 박 탐정이 쓰러져 있고, 황금문 팀장만 덩그러니 서 있었다.

"또각또각."

황금문은 박 탐정 주위를 뚜벅뚜벅 걸으며 돌았다. 그리고 고개를 숙여 무언가 한참을 생각하더니 그대로 밖으로 나가 버렸다.

'어리석은 놈들. 나는 마취가 되지 않는 체질이거든. 끝까지 확인했어야지.'

얼마 후 쓰러져 있던 박 탐정이 머리를 움켜쥐며 일어났다. 수적으로 안 될 것을 확인한 박 탐정이 마취를 당한 척 쓰러진 것이다. 약품이 입과 코에 남아 머리가 계속 아팠다. 주위에 아무도 없는 것을 확인하고는 다시 아이들이 있는 곳으로 조심스럽게 움직였다.

공부에 도움이 되는 수학·과학 톺아보기

★톺아보기란?
'자세히 살펴보다'라는 뜻의 순우리말입니다.

1. 가로가 10cm인 사진의 각 변의 길이를 120%로 확대하였다. 확대한 사진의 가로는 몇 cm인가요?

2. 학교 앞 문방구에서 문구류를 10% 할인해 줍니다. 8,000원어치 문구류를 사면 얼마를 할인받을 수 있나요?

3. 각 변의 길이를 150% 확대한 사진의 가로가 30cm라면, 처음 사진의 가로는 몇 cm인가요?

4. 싸매고초등학교의 남학생은 180명이고, 전교생의 $\frac{5}{9}$입니다. 싸매고 초등학교의 전교생은 모두 몇 명인가요?

5. 정가가 30,000원인 사과 상자를 두 가게에서 할인해서 판매합니다. 아래 두 가게 중 어느 가게에서 사는 것이 소비자는 더 이익일까요?

> 재민이네 가게 : 정가의 20%를 할인해 줌.
> 찬혁이네 가게 : 10,000원당 1,000원을 포인트로 적립해 줌.

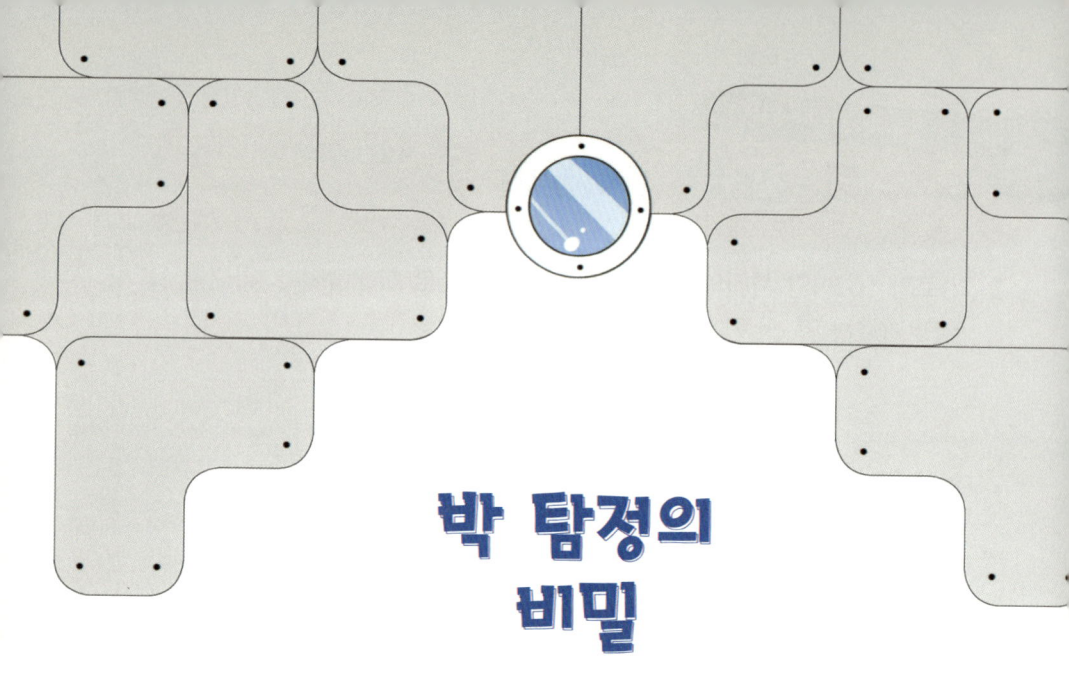

박 탐정의 비밀

"여기 숨어 있었나? 아주 감쪽같은 곳이군."

조용하게 들리는 목소리에 깜짝 놀라 모두 고개를 들었다. 반사막 뒤로 황금문이 또각또각 걸어 들어왔다.

"아, 아니……."

"너무 걱정하지 마시오. 지금은 당신들을 해치려고 하는 것은 아니니……."

놀란 괴박사를 보며 황금문이 말했다. 황금문이 쓰러져 있던 박 탐정의 뒤를 밟아 조용히 따라온 것이다.

"날 알아보겠나? 박허당."

황금문은 박 탐정을 보며 선글라스를 벗었다.
"아, 아니 자네는?"
박 탐정은 황금문의 얼굴을 보고 깜짝 놀랐다.
"그렇네, 날세. 나 황금문이야. 이제야 나를 알아보는군."
박 탐정은 그제야 황금문이 누구인지 알게 되었다. 선글맨에 입사해서 자신과 같은 방을 쓰던 단짝 동기, 박 탐정이 늘 그리워하던 도어라는 별명을 가진 친구였다.
"박허당, 잠깐 나랑 이야기 좀 할 수 있겠나?"
황금문은 박 탐정에게 말했다. 황금문은 박 탐정과 함께 반사막 뒤편으로 나왔다. 황금문이 먼저 말을 꺼냈다.

"그래, 조금 어색한 사이가 됐군. 그동안 잘 지냈나?"

"그래 보다시피. 자네도 높은 위치에 오르고 꽤 고생을 많이 했을 것 같군."

"뭐 사는 게 다 그렇지."

"숨어 있는 걸 용케 찾았군."

"아까 자네가 넘어져 있을 때 가짜로 쓰러진 걸 알고 있었지. 자네는 원래 마취에 잘 걸리지 않는 체질 아니던가? 자네의 눈꺼풀이 미세하게 떨리며 살짝 떠지는 걸 보았네. 20년 전에도 혼자 마취가 풀려 탈출에 성공했었지."

"음, 알고 있었군. 그땐 나 혼자 가서 미안했네. 내 진심은 아니었지만, 그렇게 돼 버렸어."

"흠, 아닐세. 덕분에 이 자리에 올 수 있지 않았나……."

잠깐 어색한 침묵이 흘렀다. 황금문이 잠시 뜸을 들이다 말을 이었다.

"내가 지금 여기에 오래 있을 수는 없고, 용건만 간단히 말하겠네. 지금 이곳은 아주 혼란스러운 일들이 일어나고 있어. 그래서 난 그 비밀을 풀려고 해. 난 이 아이들이 무언가 비밀을 알고 있다고 생각하고 있네."

박 탐정은 아무 말 없이 황금문을 바라봤다.

"그리고 아이들과 이야기가 끝나면 난 자네와 아이들을 이곳에서 나갈 수 있게 할 생각이야."

"음, 정말인가? 아이들을 풀어 주는 것이……."

"물론이야. 내가 자네까지 속여 가며 무얼 하겠나? 우린 진짜

서로 단짝 친구였지."

 황금문은 박 탐정의 눈을 바라봤다. 황금문의 진심이 느껴진 박 탐정은 조용히 고개를 끄덕였다.
 잠시 후 황금문은 박 탐정과 함께 들어왔다.
 "괴박사님, 그동안 불편하게 했다면 사과드립니다."
 황금문이 먼저 깍듯하게 괴박사에게 고개를 숙였다. 절도 있는 모습으로 사과를 한 후 황금문은 아이들을 바라보고 이야기를 하기 시작했다.
 "난 박허당 탐정과 오래전부터 잘 알고 있는 황금문 팀장이라고 한다. 너희에게 지금까지 벌어진 일과 밀접한 관련이 있는 사람이지. 좀 미안하지만, 내가 맡은 일이라 어쩔 수 없었다. 조금은 이해해 주길 바란다, 쿨럭."
 황금문이 잠깐 헛기침을 했다.
 "지금 이곳은 아주 이상한 일들이 벌어지고 있다. 지금 그 사람들 때문인지는 모르겠지만, 회장님도 좀 이상하고 굉장히 힘들어 하신다."
 "음, 난 사실 너희가 괴박사의 집에 머물던 때부터 모든 일에 대해서 잘 알고 있다. 너희가 나누었던 대화도 모두 저장되어 있지. 처음에 이 세상 사람이 아니라는 말을 들었을 때는 그냥 아이들끼리 하는 장난이라고만 생각을 했다. 그리고 그때 마법 세상에 대한 이야기도 들었다."
 아이들은 아직 아무 말도 하지 않았다.
 "그런데 말이야. 내가 생각해 보니 여러 가지 정황이 예사롭지가 않아. 회사에서 일어나는 일들도 그렇고, 점점 시간이 지날수록 말이지. 그래서 묻는 것인데, 그때 너희들이 했던 말들이 모두 사실이니?"

"……."

"음, 대답이 없군. 나에게 정확하게 사실을 이야기해 주면 너희들은 내가 책임지고 이곳에서 나갈 수 있도록 할 것이다. 박허당의 오랜 친구로서 내 명예를 걸고 너희들에게 이야기하는 것이다. 그때 너희들이 했던 말들이 모두 사실이고, 지금 와 있는 호 사장과 사키는 인간이 아닌 마법사들이냐?"

황금문의 목소리가 꽤 커졌다. 사실 있는 그대로 알고 싶은 간절함이 묻어 있었다.

"네, 맞아요. 그들은 마법사예요. 인간 세상이 아니라 마법 세상에서 온 마법사입니다. 그들은 우리랑 많이 달라요."

잠깐 주저하던 세라가 아이들을 잠깐 돌아본 후 알고 있는 사실에 대해 간략하게 이야기를 했다. 현실 세계에서 미래 세계로 온 모든 이야기를.

"모두 정말이었군."

황금문이 고개를 끄덕였다. 옆에서 듣고 있던 어른들은 놀라서 말을 제대로 잇지 못했다.

"호닉스는 꽤 무서운 마법사예요. 제가 마법 세상으로 가서 호닉스가 왔다는 사실을 알리고 도움을 요청할 테니, 저희가 무사히 갈 수 있게 도와주세요."

재롬이 황금문을 보며 부탁했다.

"그건 내가 알아서 하지. 우리는 최정예 선글맨들이다. 음, 아무튼 약속대로 너희가 무사히 갈 수 있도록 돕겠다. 병맛시계탑으로 가야 한다고 했지?"

황금문은 손을 턱에 괴고 잠깐 생각을 했다.

"1시에 아무도 모르게 차를 뒤편 쪽문 쪽으로 댈 거야. 작은 계단을 이용하면 그쪽으로 통하게 되는데, 그걸 타고 빠져나가서 시계탑으로 가도록 해."

황금문이 박 탐정을 바라봤다.

"박허당, 잘 알다시피 눈이 많은 곳이니 걸리지 않게 조심해야 해. 그 시간 선글맨들은 이쪽에는 없을 걸세."

박 탐정은 말없이 고개를 끄덕였다. 황금문은 박 탐정에게 작은 무전기 하나를 주고 자리를 떴다.

그는 잠시 후 자신의 방으로 선글맨들을 모두 불러 모았다. 황금문에 의해 한참 무언가 지시와 회의가 이루어졌다. 잠시 후 황금문의 지시가 내려졌다.

"지금 시간은 11시. 자리를 모두 잡은 후 30분까지 대기하도록."

황금문의 지시를 받은 여러 선글맨들이 여기저기서 분주하게 움직이기 시작했다. 잠시 후 11시 30분 모든 준비가 완료됐다는 보고가 황금문에게 들어왔다. 황금문은 조용히 시작 지시를 내렸다.

"너희들 지금 굉장히 실수하는 거야. 내가 누군지 알고."

황금문의 지시가 내려지고 호닉스의 사무실에서 큰 소리가 나며 문이 벌컥 열렸다. 난쟁이의 목소리였다. 난쟁이는 선글맨들과 함께였는데, 양쪽에서 낀 팔짱으로 발이 땅에서 떨어진 채 버둥거리고 있었다.

"주, 주인님, 도와주십시오."

"주, 주인님?"

선글맨들이 웃었다.

"당신이 이 사람의 주인인가 보지. 자, 둘이서 이곳에서 잘 지내보라고……."

선글맨들은 난쟁이를 호닉스의 방에 던져 넣었다.

"생각보다 아무것도 아닌데, 우리가 너무 호들갑을 피웠나 보군."

선글맨들이 문을 꽝 닫았다. 그러고는 가지고 온 용접봉으로 문을 완전히 막아 버렸다.

"이게 무슨 일이지? 난쟁이, 갑작스럽게 왜 이렇게 된 것이냐?"

호닉스가 다가왔다.

"모르겠습니다. 조금 전 갑작스럽게 제 방으로 와서는 이렇게 끌고 왔습니다."

난쟁이가 씩씩댔다.

"무언가 놈이 눈치를 챈 게 분명하군. 이제 좀 알아차릴 때도 되었지."

호닉스가 클클대며 웃었다.

"그러고 보면 그때 방에 들어온 녀석이 조금 이상했지? 왜 직접 오지 않고, 밑에 있는 놈을 보냈나 했더니, 역시나 그랬군."

호닉스는 얼마 전 황금문이 아이들을 데리고 들어왔던 때를 떠올렸다.

"주인님 말씀대로 야쾨장이 단단히 배신한 것 같습니다. 이 녀석 혼쭐을 내줘야 하는 것 아닙니까?"

"물론이다. 하지만 그 녀석도 굉장히 힘들 거다. 아주 우울해하고 있겠지. 라쿠스 성주처럼 말이야."

"역시 미리 준비해 두셨군요, 주인님."

난쟁이는 라쿠스 성주의 이야기를 잘 알고 있었다. 호닉스의 마법에 걸려 죽음 직전까지 갔던 성주였다.

"나를 배신할 마음을 먹는 순간 급격히 무기력하고 우울해지도록 콩깍지 마법을 구사해 놓았지. 나를 배신하는 놈들에게는 당연한 것 아니겠느냐?"

"지당하십니다, 주인님."

난쟁이가 고개를 조아렸다.

"그나저나 이 기분 나쁜 녀석들을 어떻게 해 준다?"

호닉스는 천천히 걸어가서 문고리를 돌렸다. 이미 밖에서 용접까지 마친 문은 꿈쩍도 하지 않았다.

"그렇지. 쉽게 문을 열어 주지 않겠지."

호닉스가 문고리를 잡은 자신의 손에 차가운 에너지를 보내자, 문고리가 점점 차가워지더니 얼어붙기 시작했다.

"처음 해 보는 마법인데 괜찮군. 나의 냉혈한 에너지가 잘 전달되고 있어."

호닉스는 만족스러운 듯 웃음을 지었다. 호닉스가 그대로 한 걸음 뒤로 물러나서 꽁꽁 얼어 버린 문고리를 툭 건드리자, 와르르 문고리가 부서져 버리고 말았다.

선글맨 다섯 명이 문밖을 지키고 있다가 몰려들었다. 호닉스는 한순간에 선글맨들을 날려 버렸다. 저 멀리 허공에 던져진 선글맨들은 모두 기절하여 바닥에 나뒹굴었다.

"주인님, 이제 완전히 회복되신 겁니까?"

난쟁이는 신이 나서 호닉스 주변에서 방방 뛰었다.

"흐흐흐, 내가 바로 천하제일의 마법사 호닉스 아니겠느냐?"

"그러지 말고, 주인님. 이 녀석들에게 주인님의 위대함을 보여 주는 것은 어떻겠습니까? 마법 세상으로 가시기 전 호닉스님의 힘을 조금만 보여 주시는 겁니다."

"흐흐흐, 그럴까? 이제 타임 퍼즐이 곧 열릴 테니……. 타임 퍼즐이 열리면 시간 에너지를 찾아 먹을 수 있을 테고, 그럼 우리가 여기로 다시 올 일은 없을 테지. 아주 재미있겠는데……."

호닉스가 특유의 폼으로 어슬렁거리며 천천히 저벅저벅 걸었다. 난쟁이가 그 뒤를 따랐다. 호닉스는 자신의 마법을 하나씩 구사하기 시작했다.

"뚜리로애니멀."

복도 벽에서 동물 박제품들이 한 마리씩 튀어 나왔다.

"밤이 되어 이 동물들이 복도를 휘젓고 다니면, 모두 깜짝 놀랄 것이다. 자, 이건 '거꾸로 빠르게' 마법이다. 여기를 밟으면 그대로 천장에 거꾸로 매달려 미끄러지게 되지. 자신이 걷던 속도보다 2배, 3배, 4배로 점점 늘어나면서 말이지. 그러다 마법의 힘이 없는 곳에 도착하면 아래로 뚝 떨어지는 거지."

호닉스는 바닥에 무언가를 던졌다. 물처럼 생긴 액체가 생겨나며 그대로 바닥에 스며들었다.

"그것참, 정말 재미있겠습니다. 흐흐흐."

호닉스와 난쟁이가 여기저기를 어슬렁거리며 활보하고 있을 때였다. 와, 소리가 나며 한 무리의 선글맨들이 몰려왔다. 선글맨들은 손에 여러 무기를 들고 호닉스를 층층이 빙 둘러쌌다.

그물과 전기 충격기, 그리고 야구방망이, 밧줄 등을 들고 점

물체의 빠르기 구하는 방법

1. **속력**

    일정한 거리를 움직이는 데 걸리는 시간으로 $\dfrac{이동\ 거리}{경과\ 시간}$이다. 1시간에 20km 간다면 시속 20km/h(시속)이다.

2. **속력의 단위**

    초속, 분속, 시속

3. **우리 주변 물체의 여러 가지 속력**

    ① 달팽이의 속력 : 0.1cm/s(초속)
    ② 우사인 볼트의 속력 : 10.4m/s(초속)
    ③ 에스컬레이터의 속력 : 30m/m(분속)
    ④ 고속도로 제한 속력 : 100km/h(시속)
    ⑤ 빛의 속력 : 30만km/s(초속)
    ⑥ 소리의 속력 : 340m/s(초속)

4. **물체의 빠르기 비교하기**

    ① 일정한 거리를 이동한 물체의 빠르기는 걸린 시간을 비교한다.
    ② 일정한 시간에 이동한 물체의 빠르기는 이동 거리를 비교한다.
    ③ 걸린 시간도 다르고 이동 거리도 다른 빠르기의 비교는 속력을 이용한다.
    　*속력의 단위가 다를 때는 단위를 같게 맞추어 비교한다.

점 가깝게 다가왔다.

"아, 왜 이렇게 귀찮게 하는 거지?"

호닉스가 느릿느릿 말을 했다. 흉측한 얼굴과 백발 그리고 치렁치렁한 검은 망토, 변장술이 풀려 버린 호닉스의 모습에 앞쪽 선글맨들이 놀라서 뒷걸음질을 쳤다.

"물러서지 마라."

누군가가 크게 소리치자, 앞쪽에 선 선글맨 둘이 달려들었다. 호닉스는 주머니에서 반짝이는 것을 꺼내 바닥에 후 하고 불었다. 그러자 선글맨 둘이 뒤로 쫘당 넘어지며 엉덩방아를 찧었다. 일어나려 했지만 엉덩이가 땅에 붙어 잘 움직여지지 않았다. 호닉스의 미끄럼 접착 마법이었다.

"자, 안 되겠어. 모두 둘러싸서 공격해. 난쟁이를 인질로 잡아라."

수십 명의 선글맨들이 그들을 둘러쌌다. 그리고 난쟁이에게 집중적으로 달려들었다. 호닉스는 또다시 마법의 주문을 외우며 발로 땅을 세게 내리쳤다.

"오지마떵 떵마지오!"

진동 마법이었다. 진동 마법은 땅으로 울림을 진동시켜 선글맨들을 넘어뜨리게 할 수 있었다. 갑자기 땅바닥이 크게 진동하며 그들을 둘러싼 선글맨들이 이리저리 흔들거리며 넘어졌다. 그리고 한 번 더 발로 내리치자 넘어져 있던 사람들이 뒤로 나가떨어졌다.

"네 이 녀석들……."

　난쟁이가 선글맨들을 보며 손가락을 들자, 모두 걸음아 날 살려라 부리나케 도망쳤다.
　"하하하, 저 녀석들 꼴 좀 보십시오."
　난쟁이가 신이 나서 호닉스 주변에서 방방 뛰었다. 도망가는 선글맨 하나가 황금문에게 보고를 했다.
　"팀장님, 큰일났습니다. 그 녀석 두 명이 장난이 아닙니다. 이상한 염력을 구사하며, 우리를 날려 버리고 던져 버립니다."
　"저 정말이냐? 내가 방심하면 안 된다고 하지 않았나?"
　"저희가 막아낼 그럴 수준이 아닙니다. 순식간에 저희 몸이 찌릿찌릿 거리며 감전된 것처럼 꼼짝도 못 하더니, 하늘 높이 던져졌다 바닥으로 나뒹굴었습니다."

"지금 거기가 어디냐? 알겠다. 지금 내가 가겠다. 아, 아니지. 난 지금 회장님께 먼저 가겠다. 일단 최대한 놈들을 막아봐라."

황금문은 사무실에서 나왔다. 그리고 복도를 거쳐 야쾨장의 사무실로 헐레벌떡 가고 있었다. 그러다 무언가를 보고 몸이 얼어붙었다.

"어디를 그렇게 바삐 가시나? 뭐가 그리 급하신가?"

호닉스와 난쟁이였다.

"아, 아니 너희들은?"

"황금문, 이놈. 네가 감히 우리 주인님을 가두려고 하다니, 네가 꾸민 일이더냐?"

신이 난 난쟁이가 낄낄대며 말했다.

"사키? 어쩐지 이상하다 했더니 그게 네 본 모습이구나. 우리 회장님께 이상한 수작이나 부리더니……."

정신을 차린 황금문이 지지 않으려는 듯 쏘아봤다.

"흐흐흐, 황금문. 나의 원래 모습을 본 것은 처음이지?"

호닉스의 얼굴이 황금문 가까이 다가왔다. 곳곳에 검버섯이 돋아 있는 소름 끼치는 얼굴에 황금문은 눈을 질끈 감았다. 그때, 황금문의 주머니에서 휴대전화가 울렸다. 야쾨장이었다. 호닉스가 그대로 전화기를 뺏어 들었다.

"이봐, 황금문. 회사가 왜 이리 소란스럽나? 무슨 일이야?"

야쾨장의 목소리였다.

"오, 야쾨장."

"누 누구?"

"누구긴…… 벌써 잊어버렸나? 너의 주인님이지. 야쾨장, 왜 나를 배신한 거야?"

호닉스는 나지막하게 말했다. 야쾨장은 아무 말도 하지 못했다. 콩깍지 마법이 점점 풀리고는 있었지만, 몸과 마음 모두 혼자서 이겨내기에는 역부족이었다.

"……."

"많이 힘들었을 텐데 용케 전화까지 하고, 의지가 아주 강하군."

"네 이놈! 나에게 무, 무슨 짓을 한 건가? 너를 보면 가만두지 않겠다."

야쾨장이 큰 소리를 질렀다.

"흐흐, 나를 보겠다고? 날 직접 보지 않는 게 좋을 텐데. 감당할 수 있겠나?"

"……."

호닉스는 입으로 후 바람을 불었다 호닉스의 얼음처럼 차가운 냉기가 야쾨장에게까지 전해졌다. 전화기는 물론이고 공중의 전파까지 차갑게 얼어붙었다. 허공에서 가느다랗게 얼어 버린 전파의 모습이 보였다.

"아, 아니 이 녀석이 어디로 갔죠?"

황금문이 사라지고 없었다. 호닉스가 야쾨장과 전화하는 틈을 타서 도망친 것이다.

"미꾸라지 같은 녀석이군. 난쟁이, 야쾨장을 보고 가자."

호닉스와 난쟁이가 어슬렁거리며 앞으로 걸어갔다. 황금문은 그대로 뒷걸음질을 치며 계단 모퉁이에 숨어 있었다. 그들이 사라지는 뒷모습과 시계를 번갈아 보며 계단을 통해 아래로 빠져나갔다. 아이들을 빼돌리기 위해 몰래 차를 대기로 한 그곳이었다.

공부에 도움이 되는 수학·과학 톺아보기

★톺아보기란?
'자세히 살펴보다'라는 뜻의 순우리말입니다.

1. 자동차를 타고 가는데 목적지가 20km 남았다. 현재 속도는 시속 80km 이고, 이 속도로 목적지까지 간다면 도착하는 데까지 얼마나 시간이 걸릴까요?

2. 한 시간에 300km를 가는 고속열차와 1초에 20m를 가는 바람의 속도를 비교하여 보세요. 어떤 것이 더 빠른가요?

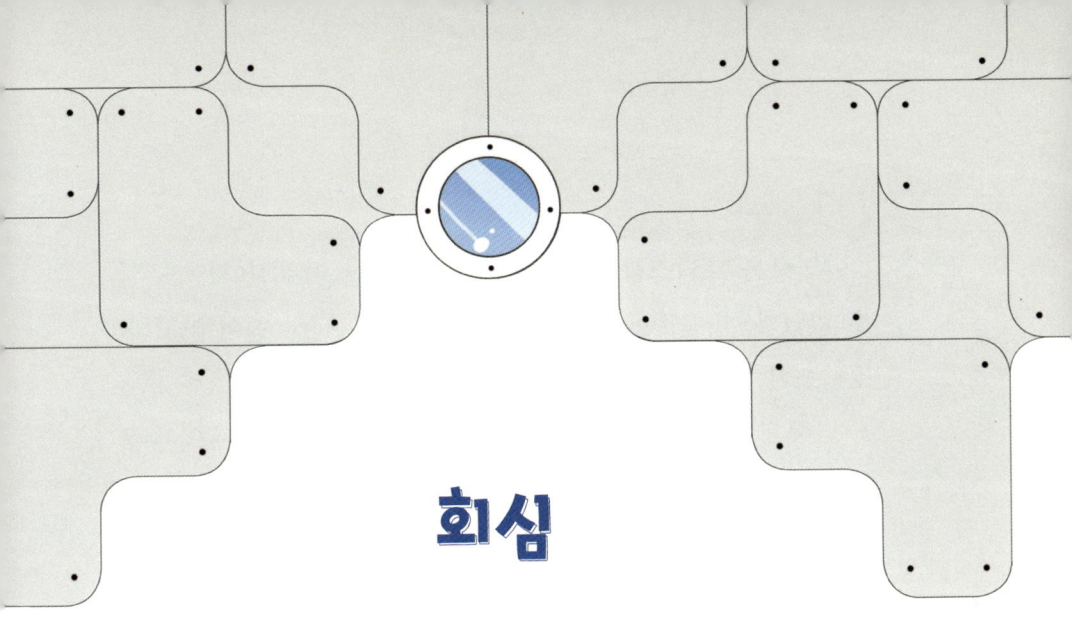

회심

"어이, 이봐 야쾨장! 주인님이 오셨다."

호닉스는 회장실의 문을 벌컥 열었다. 힘들어하는 야쾨장의 모습이 눈에 들어왔다. 야쾨장은 호닉스의 마법에 걸려 마음이 극도로 불안정해지며 침울한 상태였다.

"무얼 하고 있나? 야쾨장."

호닉스가 성큼성큼 걸어 들어왔다.

"왜 나를 배신한 거야? 이건 네가 자초한 일이야."

호닉스가 야쾨장에게 다가갔다. 옆에 있던 사키도 호닉스를 따라 쪼르르 붙어 따라갔다.

"네 이놈!"

야쾨장은 호닉스를 보고 몸을 일으켰지만 아무런 저항도 할 수 없었다. 마음속에서는 화가 났지만 몸은 점점 힘이 빠졌다. 호닉스가 펼쳐 놓은 침울의 마법이 마음에 가득했다.

"나에게 배신하는 마음을 먹는 순간 너의 마음에 극도의 우울함이 찾아오도록 내가 해 놓았지. 네가 나에게 끝까지 협조했으면 너에게 큰 상을 내리려고 했는데, 이미 늦어 버렸어. 안됐군."

호닉스와 사키는 야쾨장의 주변을 한 바퀴 돌았다. 야쾨장은 비상벨을 누르려고 했지만, 손을 전혀 움직일 수가 없었다.

"그렇죠. 아주 어리석은 인간이죠. 감히 주인님을 배신할 생각을 하다니 말이죠. 원래 인간들이란 다 그런 족속들 아닙니까? 은혜를 모르고 배신을 일삼는……. 이놈은 좀 다를 거라 생각했는데, 역시나 똑같았습니다."

"사키, 이놈……."

"넌 주인님께 감사해야 해. 주인님이 타임 퍼즐로 가야 하는 이 바쁜 시간에 친히 이곳까지 들르셨으니, 크크."

난쟁이가 야쾨장을 보며 킥킥댔다. 야쾨장은 분노로 몸을 떨었다. 하지만 여전히 마음대로 몸이 움직이지 않았다.

"처음부터 나를 이용하려고 접근을 한 것이냐?"

"음, 그건 이야기가 길어. 짧게 말하자면 우리 주인님께서 몸이 안 좋으셔서 회복할 시간이 필요했거든. 그래서 타임 퍼즐이 필요했던 거고, 마침 네가 시간 체계를 바꾸어 인간 세상을

혼란스럽게 할 계획을 알게 된 거지. 그래서 너를 찾게 된 거야."

난쟁이가 잠시 쉬었다 다시 말을 이었다.

"말이야 바른말로……. 너를 이용했다기보다는 너의 야망과 생각이 우리랑 일치했던 거지. 어찌 보면 너의 욕심이 너를 그렇게 만든 거야. 너도 우리를 이용해서 계속 큰돈을 벌고 싶었잖아. 안 그래? 그래서 나의 이야기에 혹했던 거고, 우리가 오기 전부터 온갖 나쁜 짓을 일삼던 놈이 새삼스럽게 왜 그러나?"

난쟁이가 말했다. 야쾨장은 아무 말도 할 수 없었다. 모든 게 사실이었다.

"이 나쁜……."

"내가 나쁘다고?"

호닉스가 불끈하자 난쟁이가 말렸다.

"주인님, 참으십시오. 인간들은 원래 평계를 잘 대는 놈들 아닙니까? 그래도 이놈 덕분에 타임 퍼즐도 이곳으로 왔으니……. 그만하고 시간 에너지를 먹으러 가시지요."

"그래. 잠깐 화를 참지 못할 뻔했구나. 이만 가자."

"주인님, 마법 주문을 외워 주시죠. 야쾨장, 이제 우리는 떠날 테니 잘 지내라고."

야쾨장의 눈에 눈물이 약간 맺혀 있었다.

"야쾨장, 이것은 나를 배신한 대가다."

"불라디보스토 구라치디봉봉 쿠라파치나 마끼아또깔라."

호닉스가 야쾨장을 바라보며 기다란 마법의 주문을 외웠다. 강력한 돌풍이 몰아쳤고 야쾨장은 그 모습을 보며 그대로 정신을 잃었다.

한편, 그 시간 박 탐정은 과박사와 아이들을 데리고 계단을 내려가고 있었다.

"자, 빨리 내려가자. 이대로 내려가면 차가 있을 거야. 모두 조심해."

박 탐정이 아이들을 안내했다. 박 탐정은 건물 내 구조에 훤

했다.

"저기에 있다."

문을 열자 차가 한 대 서 있었다.

"자, 서둘러. 빨리 타!"

박 탐정은 아이들을 서둘러 태우기 시작했다.

"잠깐만요. 어? 저기 마, 마법 택시가?"

동진이의 눈에 마법 택시가 보였다. 건물 한쪽 모퉁이에 택시 하나가 서 있었다. 분명 지난번 보았던 마법 택시와 똑같았다. 그리고 그 순간 문이 열리며 드라버가 나왔다. 드라버가 재롬의 응급 신호를 받고 그대로 달려온 것이었다.

"드 드라버 아저씨?"

아이들이 깜짝 놀라 그대로 멈추어 섰다.

"드 드라버?"

괴박사와 박 탐정도 그대로 드라버를 바라봤다. 사람의 모습을 하고 있었지만, 분명 일반적인 느낌과는 달랐다. 아이들이 말했던 마법사임이 분명했다.

"재롬, 몸은 좀 어때? 괜찮니?"

드라버는 재롬을 보자마자 재롬에게 달려갔다. 재롬이 희미하게 미소를 지었다.

"그때 너희들이 말했던 그 마법사님이시냐?"

"네, 맞아요."

"아, 이거 참 일이 어떻게 되는 건지……."

마법사를 처음 본 괴박사와 박 탐정은 정신이 없었다.

그때였다. 삐걱거리는 소리와 함께 문이 열렸다. 황금문이었다.

"나, 나 좀 도와줘."

황금문의 몸이 땀에 흠뻑 젖어 있었다.

"저, 저기 마법사들이 우리 회사를 쑥대밭으로 만들고 있어. 사람들을 모두 천장에 붙여 놓았어. 호 사장과 사키로 변신했던 흉측한 노인과 난쟁이 마법사야. 어떻게 해야 막을 수 있겠나?"

"아, 호닉스가 드디어 움직이기 시작했나 봐요."

호닉스라는 찬혁이의 말에 드라버가 깜짝 놀라서 뒤돌아보았다.

"지금 호닉스가 여기에 있단 말이냐?"

놀란 드라버는 눈을 감고 마법 에너지를 찾았다. 호닉스와 난쟁이의 강력한 힘이 느껴졌다.

"아, 당신도 마법사요? 그들이 회장님께 간다고 했소."

"회장실? 그곳이 어디요?"

황금문이 급히 드라버와 아이들을 회장실로 안내했다. 회장실에는 마법에 걸린 야쾨장이 그대로 쓰러져 있었고, 호닉스와 난쟁이는 이미 사라지고 없었다.

"회, 회장님, 정신 차리십시오."

황금문이 야쾨장을 흔들어 깨웠지만, 야쾨장은 아무런 움직임도 없었다.

"호닉스가 강력한 마법을 구사했군요. 빨리 마법을 풀어야겠소."

드라버가 야쾨장을 보며 주문을 외웠다.

"자빳디형딥똑. 형딥똑자빳디."

"회장님, 회장님!"

야쾨장이 잠시 눈을 떴다가 이내 다시 눈을 감았다.

"마법 주문으로는 안 되겠어. 마법의 해독 주스를 만들어야 할 것 같소."

드라버가 손짓을 하자 손에 작은 병이 하나 생겨났다. 마법 주문과 함께 투명한 액체가 채워졌다. 드라버는 주문을 외우며 그곳에 가루를 집어넣었다. 늘 비상용으로 가지고 다니는 마법을 풀리게 하는 금빛 가루였다. 금빛 가루를 넣으며 점점 농도가 진해졌다.

"평소보다 용액의 농도를 10% 더 높여야 해. 용매는 그대로 두고 용질만 더 넣어야겠어."

농도를 매우 진하게 맞춘 드라버는 주문과 함께 야쾨장의 입에 주스를 떨어뜨렸다.

"나사 지지사행 모움마 충다지맹."

강력한 마법의 주스를 마신 야쾨장의 눈이 조금 떠졌다.

"회장님, 정신 차리십시오. 괜찮으십니까?"

"큰일날 뻔했소. 이제는 괜찮을 거요. 그래도 빨리 발견해서 다행이오."

드라버가 말했다. 야쾨장은 아무 말이 없었다. 정신이 멍하니 큰 충격을 받은 듯했다.

"어찌 된 일입니까? 회장님."

"아직은 말하기가 어려울 것이오. 조금 기다려 보시오."

드라버가 말했다. 드라버와 황금문의 목소리가 야쾨장의 귀에 들렸다. 야쾨장은 천천히 고개를 들어 주위를 둘러봤다. 야쾨장의 눈에 자신을 빙 둘러싸고 걱정스레 보고 있는 사람들이 보였다.

"그놈들이 나를 찾아왔어."

"회장님, 죄송합니다. 회장님을 지켜드리지 못하고…….'

황금문이 고개를 숙였다. 야쾨장의 정신이 점점 또렷해지고

용해와 용액

- 용매 : 용질을 녹이는 물질(물)
- 용질 : 녹는 물질(설탕)
- 용액 : 두 가지 이상의 물질이 고르게 섞여 있는 것(설탕물)
- 용해 : 두 가지 이상의 물질이 고르게 섞이는 현상

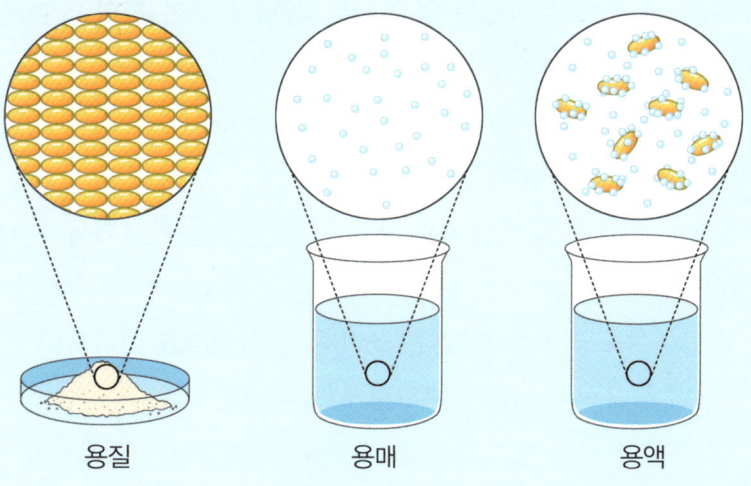

물에 녹은 설탕은 보이지 않아 사라진 것 같지만 매우 작은 입자로 나누어져 물에 섞여 있다. (설탕과 물의 무게는 설탕물의 무게와 같다)

- 잘 녹게 하는 방법 : 물의 양을 많이 하거나 온도를 높여준다. 물을 빨리 저어 주거나 알갱이의 크기를 작게 한다.
- 농도(진하기) : 용액 속에 용질이 녹아있는 정도
- 용액의 진하기를 아는 방법 : 맛, 색깔, 물체가 뜨는 높이를 비교하기
- 생활 속 여러 가지 용액 : 향수, 방향제, 락스 등

있었다. 천천히 몸을 일으켜 주변을 보았다. 방은 온통 난리가 난 듯 뒤죽박죽이었다.

"마법사님? 지금 그 나쁜 놈들은 어디 있소. 내가 찾을 수 있도록 좀 도와주시오."

황금문이 드라버에게 말했다.

"이미 이곳에 호닉스는 없습니다. 마법의 힘이 전혀 느껴지지 않고 있소. 이미 여기를 빠져나간 것 같소. 자, 보시오."

드라버가 주문을 외우자 공중에 사라져 가는 호닉스와 난쟁이의 뒷모습이 보였다.

"그럼 위치를 말해 주시오. 모든 선글맨들을 동원해서 잡아 버려야겠소."

황금문이 드라버를 보았다. 쓰러져 있는 회장을 바라보니 도망쳐 나온 자신이 너무나 부끄럽게 느껴졌다.

"그들은 인간의 힘으로 막을 수 있는 존재들이 아니오. 이미 타임 퍼즐 안에서 시간 에너지를 훔쳐 마법의 세계로 향하고 있을 것이오. 그들의 애초 목적은 시간 에너지였으니……."

"황금문, 이제 우리는 여기에서 빠지고 나머지 일들은 이분에게 맡기도록 하자."

조용히 듣고 있던 야쾨장이 황금문에게 말했다.

"네?"

"음, 우리가 나설 일은 아닌 것 같아. 지금까지 내 욕심으로 이런 일이 벌어졌지만……."

"잘 생각했소. 이건 우리 마법사끼리 대결해야 하오. 먼저 타임 퍼즐 시간의 방으로 가서 이 아이들부터 집으로 보내고, 마법 세상에서 우리가 힘을 모아 호닉스를 처단하겠소."

드라버가 야쾨장에게 말했다.

"그래 너희들은 아직 어린 친구들이지. 모두 엄마 아빠의 품이 그리운 그저 작은 어린이들인 것을……."

야쾨장의 눈에 아이들이 선명하게 들어왔다. 한쪽에서 자신을 걱정스럽게 바라보는 아이들의 선한 눈망울이 느껴졌다. 아무 말도 없이 아이들을 지긋이 바라보았다. 야쾨장은 한참을 말이 없었다.

"얘들아, 그동안 내가 잘못했다. 너희 같은 어린아이들에게……."

야쾨장이 고개를 들어 잠시 생각에 잠겼다. 갑작스러운 야쾨장의 말에 모두 야쾨장을 살폈다. 왠지 눈가가 촉촉해 보였다.

"그리고 괴박사, 나의 친구 미안하네."

야쾨장의 목소리가 떨렸다.

"내가 자네에게 잘못한 게 너무나 많군. 정말 미안해. 우린 한때나마 좋은 친구 아니었나?"

갑자기 감정이 복받친 듯했다. 놀란 괴박사가 야쾨장을 바라보았다.

"그동안 내가 너무 큰 잘못을 많이 한 것 같군. 선글맨도 그렇고, 시간의 체계도 그렇고, 잘못 만든 약들도 그렇고, 너무 후회가 많이 돼. 내가 잘못한 것들을 모두 원상태로 되돌려 놓고 싶네."

야쾨장은 말을 더 잇지 못하고 한참 동안 어깨를 들썩였다. 울먹이던 야쾨장은 애써 감정을 추스르며 고개를 들었다.

"괴박사, 내가 그동안 어지럽게 했던 이 모든 것을 자네가 좀 정리해 주게. 이제 난 그만할 때가 된 것 같아."

큰 결심을 한 듯했다.

"어? 그게 무슨 말인가?"

"난 오늘부터 메티스 제약 회사의 회장직에서 내려올 생각이네. 내가 하면 또 다른 욕심에 사로잡히게 되겠지. 그리고 결국은 나쁜 마법사들처럼 흉측한 모습이 되어 버릴 거야. 괴박사 자네가 회사가 안정화될 때까지만 잠시 맡아 주게. 사람들에게

도움이 되는 약도 만들고. 나도 이제 좋은 일을 하고 싶어."

호닉스를 보면서 야쾨장은 큰 충격을 받은 것 같았다. 야쾨장은 결심이 굳게 선 모양이었다.

"아……."

괴박사는 야쾨장의 진심을 읽었다.

"황금문, 자네가 괴박사 옆에서 많이 도와주게. 그동안 정말 고마웠네. 아, 그리고 지금까지 우리 회사가 한 모든 잘못은 나에게 돌리고, 내 부하들이 한 것들은 모두 용서해 주시오. 형사적인 처벌도 내가 다 감수하겠소. 부탁이오."

야쾨장은 이번에는 박 탐정을 바라봤다. 야쾨장의 진심을 의심하는 사람은 아무도 없었다.

"빨리 이 아이들부터 보내 주지. 집으로 가야 할 텐데……. 이제 너희들은 너희 세상으로 돌아가거라. 이 아이들을 잘 부탁하오. 마법사 선생."

야쾨장은 드라버를 바라봤다.

"조심히 돌아가거라."

야쾨장은 미안한 듯 아이들의 손을 하나씩 잡았다. 야쾨장의 반성에 아이들도 마음이 찡했다. 아이들은 고마웠던 괴박사와 박 탐정에게 인사를 건넸다.

"괴박사님, 그리고 박 탐정님, 저희를 잘 돌봐 주시고 도와주셔서 정말 감사드립니다."

괴박사와 박 탐정이 아이들을 한 명씩 안아 주었다. 아쉬움이 가득했다.

"그래 이곳은 이제 이분들에게 맡기고, 우리는 빨리 돌아가 자꾸나."

드라버가 인사를 마친 아이들에게 말했다.

"세상에 태어날 때부터 나쁜 사람은 없어. 마음을 어떻게 먹느냐에 따라 달라질 뿐."

아이들은 드라버와 함께 마법 택시를 타고 서둘러 타임 퍼즐로 향했다.

공부에 도움이 되는 수학·과학 톺아보기

★톺아보기란?
'자세히 살펴보다'라는 뜻의 순우리말입니다.

1. 맞는 것에 ○표, 틀린 것에 ×표하세요.

   ❶ 물 300g에 설탕 20g을 녹인다면 설탕물 320g이 된다. (   )

   ❷ 물에 녹은 설탕은 사라진 것으로 보이지만, 사실은 크기가 매우 작은 입자로 나누어져 물속에 골고루 섞여 있다. (   )

   ❸ 물의 양과 설탕의 녹는 양과는 관계가 없다. (   )

2. 각 용어에 대한 설명을 바르게 연결해 보세요.

   ❶ 용액 •   • 용질을 녹이는 물질(물)

   ❷ 용질 •   • 두 가지 이상의 물질이 고르게 섞여 있는 것(설탕물)

   ❸ 용매 •   • 녹는 물질(설탕)

   ❹ 용해 •   • 두 가지 이상의 물질이 고르게 섞이는 현상

3. 같은 양의 물에서 설탕을 더 빠르게 많이 녹이는 방법은 무엇이 있을까요? 두 가지 방법을 찾아 써 보세요.

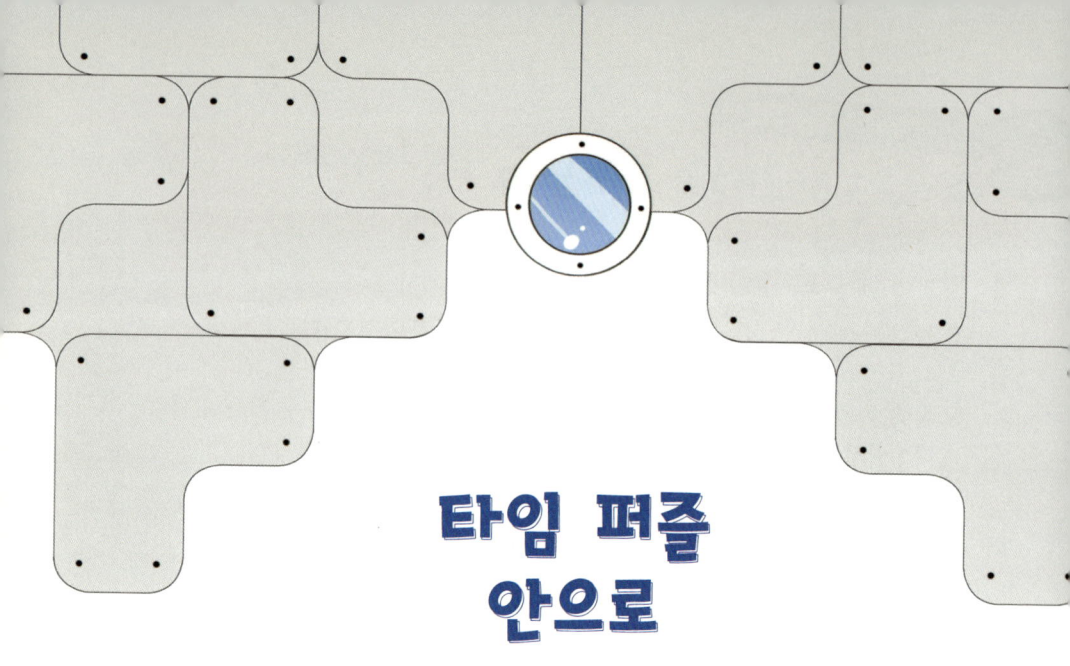

타임 퍼즐 안으로

드라버와 재롬, 아이들은 타임 퍼즐 앞에 섰다.
"호닉스가 벌써 마법 세상으로 떠났겠지만, 혹시 모르니 조심하렴. 우리도 시간의 문이 닫히기 전에 빨리 서두르자꾸나."
아이들은 조심스럽게 문을 열었다. 미래 세계로 들어올 때처럼 세찬 바람은 없었다.
"여긴 좀 이상하게 생겼어. 갑자기 입구가 좁아지고 있어."
"타임 퍼즐은 늘 다양한 모습으로 변한다고 하지. 책이나 현실 여기저기서 말이야."
드라버가 말했다. 좁은 통로로 되어 있는 공간이었다. 잡고 있던 손을 놓으며 한 명씩 안으로 들어갔다. 시간의 다리를 건너는 듯 속이 출렁거리며 약간 울렁거렸다. 기다랗게 생긴 복도를 지나자 또 다른 문이 보였다. 재민이가 잠시 망설이다 문을 열었다.

"오! 이제 왔구나. 어서 오너라. 기다리고 있었지, 흐흐흐."

호닉스와 난쟁이였다. 구부정한 모습으로 서 있는 호닉스 옆에 난쟁이도 거들먹거리며 서 있었다.

"이건 또 누구야? 드라버 아닌가? 이게 얼마 만이지?"

호닉스가 아이들과 함께 오는 드라버를 보고 깜짝 놀랐다. 하지만 이내 환영한다는 듯 두 팔을 벌렸다.

"호닉스, 미꾸라지처럼 용케 잘 숨어 다니는구나."

"드라버! 이 녀석들을 인질로 삼고 너를 부르려고 했는데, 제 발로 왔구나. 혹시 내가 보고 싶어 이곳까지 온 것이냐? 흐흐."

"착각도 자유구나, 호닉스."

"사실 타임 퍼즐 안에서 시간 에너지가 뚝뚝 떨어진다고 했지만, 그건 아닌 것 같구나. 타임 퍼즐 안에서 마법 대결을 해서 이기는 자가 시간 에너지를 얻는다고 했으니……. 어쩔 수 없이 너와 대결을 해야 할 것 같군."

호닉스는 능글맞은 웃음을 지었다. 번죽거리며 웃는 호닉스의 모습이 낯설게 느껴졌다.

"여기가 어딘 줄 알고 지금 이러는 것이냐? 이곳은 타임 퍼즐 속 시간의 방이다. 섣불리 행동하다가는 위험할 뿐 아니라 이곳에 영원히 갇혀 꼼짝 못 하게 될 것을 모르느냐?"

"잘 알고 있지. 시간의 방 안에서 패배하는 자는 냉혹한 시간의 처벌을 받는다는 걸. 하지만 난 시간 에너지가 꼭 필요하고, 이 상태로 살긴 싫거든. 이봐, 겁쟁이 빨리 한판 붙자."

둘 사이에 팽팽한 긴장감이 흘렀다. 시계 속 초침만 째깍째깍 움직이고 있었다.

시간의 방 안은 시간과 관련한 많은 것들이 적혀 있었다. 여러 가지 달력의 모습들 그리고 암호처럼 적힌 숫자들, 시간들……. 재민이가 그 모습을 유심히 관찰했다.

"그 전에 저희랑 먼저 대결 어떻습니까? 저희하고 시합을 이기시면 그다음에 드라버님과 한판 하시는 거죠. 아! 난쟁이님,

지난번 암산이 자신 있다고 하셨는데, 저랑 암산 시합 한판 하시겠어요?"

재민이가 갑자기 호닉스와 난쟁이에게 도발을 했다. 아이들이 깜짝 놀랐지만, 재민이가 친구들을 바라보며 눈을 몰래 찡긋했다.

"하하하, 나와 암산 대결을 하겠다고? 가소롭구나. 정말 괜찮겠나?"

난쟁이가 호닉스 앞으로 나왔다. 난쟁이가 이렇게 자신 있어 하는 모습은 호닉스에게 생소했다. 호닉스는 난쟁이가 하는 것을 그대로 지켜보고 있었다.

"네, 지난번에는 세라하고 하셨는데, 저를 빼고 하셔서 기분이 좀 나빴거든요."

재민이가 지지 않고 씨익 웃었다. 난쟁이는 어이없어하며 재민이를 노려봤다.

"이봐, 잘 생각하라고. 암산은 이제 나보다 잘하는 사람은 본 적이 없어. 아무래도 후회하게 될 텐데, 지난번 선글맨 교육을 받을 때를 벌써 잊었나?"

"누가 후회할지는 이따 보시면 알겠죠."

재민이가 웃었다.

"주인님, 제가 약을 많이 챙겨 왔습니다. 그리고 암산도 열심히 연마해서 저번에 저놈들을 모두 이겼었지요. 창의력은 저놈들이 우수할지 몰라도 암산은 자신 있습니다."

난쟁이는 호닉스의 귀에 대고 작게 속삭였다. 그리고 주머니

에 있는 알약을 한 움큼 삼켰다. 물이 없이 힘들었지만, 억지로 씹어 먹었다. 잠시 머리가 띵한 듯했지만 더욱 똑똑해지는 것 같았다.

"게임 방법은 이렇습니다. 네 자리 숫자 9개의 덧셈을 맞추는 것으로, 공정한 게임을 위해 숫자는 2개씩 번갈아 쓰게 됩니다. 난쟁이님께서 먼저 네 자리 숫자 2개를 쓰고, 그다음은 제가 2개를 쓰는 거죠. 그리고 난쟁이님이 2개, 제가 2개를 쓰고 마지막 남은 숫자 하나는 난쟁이님께서 쓰신 후 답을 맞히는 겁니다. 하실 수 있으시겠어요?"

"좋다."

난쟁이는 자신만만한 표정으로 앞으로 나왔다. 난쟁이는 삐뚤삐뚤했지만 커다랗게 네 자리 숫자를 적었다.

'2587, 6943'

다음은 재민이 차례였다.

'7412, 3056'

난쟁이가 한 번 더 쓰며 말했다.

"너무 어렵지 않겠나? 할 수 있겠어?"

'4729, 5259'

재민이가 어깨를 올렸다 내리며 또다시 숫자 두 개를 적었다.

'5270, 4740'

이제 난쟁이 차례였다.

'7436'

난쟁이가 쓰자마자 재민이는 바로 정답을 외쳤다.

"47432."

모두 깜짝 놀랐다.

"뭐야?"

난쟁이가 소리쳤다. 답을 생각 중이던 난쟁이의 얼굴이 어두워졌다. 정답이 맞았는지는 난쟁이 얼굴을 보면 알 수 있었다. 재민이의 답은 정확했다.

재민이가 씨익 웃으며 말했다.

"제가 맞았나 보군요."

"다 다시…… 다시 한 번 더."

난쟁이가 숫자를 다시 두 개 썼다.

'7519, 2863'

재민이가 이어 썼다.

'2480, 7136'

난쟁이는 다시 빠르게 숫자를 썼다.

'8492, 3746'

재민이도 뒤를 이었다.

'1507, 6253'

마지막 숫자를 적는 난쟁이의 손이 약간 떨렸다.

'2749'

이번에도 재민이가 바로 정답을 외쳤다. 모두 숨이 멎은 듯 조용했다.

"정답은 42745입니다."

정답이 맞는지 확인하는 난쟁이의 얼굴이 하얗게 질렸다. 정답이었다. 호닉스의 얼굴도 상기되어 붉으락푸르락해지고 있었다.

사실 재민이는 암산을 잘하지 못했다. 아이들 중에서 그나마 나은 암산 실력을 갖춘 아이는 세라였다. 하지만 재민이는 문제가 나오는 대로 바로 정답을 말했고, 그것은 어김없이 정답이었다.

재민이는 호닉스와 난쟁이의 사기를 꺾는 데 성공했다. 호닉스의 표정은 잔뜩 굳었고, 의기양양하던 난쟁이는 호닉스의 성난 눈빛에 주눅이 바짝 들어 있었다.

계산을 쉽게 하는 방법

1. **보수를 미리 생각하여 더하거나 뺀다.**
   두 수 중 한쪽 끝자리가 0이 되도록 하여 암산하고, 계산 후 그 차이 (보수)만큼을 다시 더하거나 빼 주면 된다.
   예) ① 54+79=54+80-1=133, ② 93-48=93-50+2=45

2. **100, 1000 등에서 뺄셈을 할 때는 99+1의 형태로 바꾸어 계산하면 쉽다.**
   예) ① 1000-257=999-257+1=743
   ② 100-36=99-36+1=64

3. **두 자리 수의 곱셈하기**
   AB×AC=? (A는 같은 수, B+C=10일 때)
   (A+1)×A, B×C의 계산 결과를 순서대로 적는다.
   58×52=3016[(5+1)×5, 8×2]
   74×76=5624[(7+1)×7, 4×6]

"스승이나 제자나 역시나 별 볼 일 없으시군요."

재민이가 빈정대자, 호닉스의 얼굴이 더욱 붉게 달아올랐다.

"혹시 호닉스님께서도 저와 시합 한판 하시겠어요. 화가 좀 나신 것 같은데, 여기 시간의 방 벽면을 보면 1월부터 12월까지 달력이 나와 있습니다. 이걸 모조리 외워서 부르는 날짜가 무슨 요일인지 말하는 겁니다."

"이걸 모조리 외운다고?"

"왜요? 자신 없으십니까? 자신 없으시면 뭐 다른 게임으로 바꾸셔도 좋아요."

호닉스는 화가 나서 얼굴을 잔뜩 찌푸렸다.

"좋다, 10분 동안 이 달력을 모두 외우고, 요일을 맞히는 거로 하자."

호닉스는 난쟁이에게 약을 빼앗아 한 움큼 입에 털어 넣었다. 그러고는 우걱우걱 씹어 삼켰다.

"재민아, 괜찮겠어. 이거 지난번에 선생님께서 맞히셨던 방법인데, 혹시 알아낸 거야?"

찬혁이가 귀에 대고 재민이에게 말했다. 재민이는 걱정하지 말라며, 이번에도 눈을 찡긋거렸다.

호닉스는 자신만의 방법으로 달력을 외우고 있었다. 그 옆에서 난쟁이도 벌벌 떨며 함께 달력을 외웠다.

재민이는 날짜를 보며 무언가를 적었다.

'03361 46250 35'

"그게 뭐야?"

"선생님께서 나눗셈의 나머지를 이용하라고 했잖아. 왠지 알 것 같아. 나만 믿어, 애들아."

'03361 46250 35, 03361 46250 35……'

재민이는 계속해서 적어 놓은 숫자를 입으로 되뇌었다.

"자, 10분이 지났는데 한번 시작해 볼까요?"

재민이가 호닉스에게 도발적으로 말했다.

'으, 넌 벌써 외웠단 말인가?'

호닉스는 내키지 않았지만, 대결을 무르기엔 자존심이 허락

하지 않았다.

"이번에도 서로 문제를 내기로 해요. 제가 먼저 내겠습니다. 제가 제일 좋아하는 날인데 9월 18일은 무슨 요일이죠?"

재민이가 물었다. 호닉스가 긴 달과 짧은 달을 생각했다. 그리고 1월 1일이 시작하는 날짜를 생각하며 하나씩 요일을 계산해 냈다.

"화요일."

한참이 지나서야 호닉스가 말했다.

"아, 맞히셨네요. 그런데 시간이 좀 많이 지난 것 같지요?"

재민이가 아주 천천히 박수를 쳤다. 누가 보아도 놀리는 게 분명해 보였다.

"자, 그럼 천하제일의 마법사 호닉스님께서 문제를 내주시죠."

호닉스는 여전히 하고 싶지 않았지만, 난쟁이와 드라버 앞에서 체면을 구길 수는 없었다.

"좋다. 6월 1일은 무슨 요일이지?"

호닉스의 화난 목소리가 불을 뿜듯 쏟아져 나왔다.

"하하하, 금요일입니다."

재민이가 바로 답을 말했다. 1초도 되지 않은 순간이었다.

"아니, 어떻게 이렇게 빨리?"

듣고 있던 모든 이들이 깜짝 놀랐다.

"그럼 10월 9일은?"

옆에 있던 드라버가 말했다.

"호닉스님 무슨 요일인가요?"

재민이가 호닉스에게 물었다. 호닉스는 무언가 계산을 하며 우물쭈물했다.

"아, 아직 계산을 못 하셨나 봐요. 정답은 화요일입니다."

유치원생과 어른이 벌이는 시합 같았다. 화가 난 호닉스의 얼굴은 점점 빨갛게 달아올랐다.

"8월 7일은?"

이번에는 난쟁이가 물었다.

"똑같이 화요일이지요."

이번에도 재민이의 답은 거침이 없었다. 호닉스는 아무런 답도 말하지 못했다.

"호닉스님, 어떡하죠? 보시다시피 이번 시합도 제가 이긴 것 같은데요."

재민이가 호닉스를 놀렸다.

"이런 믿을 수가 없어."

연속적으로 문제를 풀지 못하는 자신에게 호닉스는 화가 났다. 멈추려 했지만 손이 자꾸 부르르 떨렸다.

"아, 도저히 참을 수가 없다."

더 이상 참을 수 없었던 호닉스는 마법을 부리기 위해 주문을 외우기 시작했다. 그리고 손가락을 재민이에게 정조준했다.

"안됩니다, 주인님. 시간의 방에서 마법을 함부로 부리시면……."

난쟁이가 호닉스를 말렸다. 호닉스는 아랑곳하지 않고 난쟁이를 밀쳤다. 놀란 드라버가 아이들을 보호하기 위해 앞을 막아섰다.

"네 이 녀석들, 모두 없애 버리겠다."

호닉스의 얼굴은 뻘겋게 달아올라 터질 지경이었다. 호닉스는 큰 숨을 내쉬며 온 에너지를 마법에 집중시켰다. 시간의 방까지 모두 날려 버릴 듯한 기세로 마법의 주문을 외웠다.

"수리수리 호닉스…… 수리수리 호닉스……."

그 순간 빠직, 시간의 방 한쪽에 균열이 나며 벽에 커다란 구멍이 생겼다.

"어! 어!"

구멍에서 세찬 바람이 휘몰아치며 호닉스와 난쟁이를 빨아들이기 시작했다.

"저 저게 무엇입니까?"

"아, 안 돼."

호닉스와 난쟁이의 몸이 휘청거리며 흔들렸다.

"주인님, 살려 주십시오."

난쟁이가 호닉스의 다리를 꽉 잡았다. 둘은 구멍으로 빠져나가지 않기 위해 온 힘을 다했다. 하지만 성난 타임 퍼즐의 바람을 막기에는 역부족이었다.

"주 주인님, 사 살려……."

"으악!"

호닉스와 난쟁이는 외마디 비명을 남기고 순식간에 사라져 버렸다. 그리고 언제 그랬냐는 듯 구멍도 사라져 버렸다. 가까

이서 그 모습을 지켜본 드라버는 강력한 타임 퍼즐의 위용을 느낄 수 있었다.

"호닉스는 이제 영원의 시간에 갇혔구나. 시간의 힘을 얻으려고 욕심을 부리다가 다시 나락으로 떨어져 버린 거지. 그나저나 대단하구나. 호닉스를 상대로 그런 대결을 펼치다니. 재민이뿐 아니라 너희 모두 정말 훌륭하다."

드라버는 아이들을 칭찬하고 또 칭찬했다. 대단한 능력과 배짱이었다.

"드라버 아저씨와 대결을 벌이기 전에 화나게 만들어서 마법

에너지를 소진시키려고 했어요. 그때 하셨던 말씀이 생각나서 한 건데, 호닉스가 이렇게 사라져 버릴 줄은 저도 몰랐어요. 제가 알고 있는 지식을 응용했는데, 운이 좋았어요. 고맙습니다."

재민이가 꾸벅 인사를 했다.

"정말 훌륭하구나, 이루 말로 표현할 수 없을 만큼. 얘들아, 이제 빨리 돌아가거라. 시간의 방에서 어떤 일이 일어날지 아무도 모른단다. 나중에 기회가 된다면 그때 또 만날 기회가 있겠지."

드라버는 아이들을 한 명씩 안아 주었다.

"네. 조심히 가세요, 아저씨."

아이들은 아쉬운 마음을 담아 드라버와 재롬에게 작별 인사를 했다.

"재롬, 건강해야 해."

찬혁이가 아직 힘들어하고 있는 재롬의 손을 잡았다. 재롬이 희미한 미소를 지으며 찬혁이를 바라봤다.

"걱정하지 마라. 마법 세상으로 돌아가면 재롬은 금방 회복될 거야. 워낙 건강한 아이니깐……. 어디서든 너희를 응원하마. 부디 건강하게 잘 있어라."

드라버가 시간의 방 안에 있는 시간의 문을 열었다. 또다시 세찬 바람이 불어와 아이들을 다시 빨아들였다. 아이들이 무사히 돌아간 것을 본 드라버와 재롬은 타임 퍼즐을 나와 마법 세상으로 돌아갔다.

공부에 도움이 되는 수학·과학 톺아보기

★톺아보기란?
'자세히 살펴보다'라는 뜻의 순우리말입니다.

1. 연산 실력은 수학을 잘할 수 있는 기초적인 힘입니다. 이 장에서 배운 다양한 방법을 이용해 계산해 보세요.

❶ 73+89

❷ 62−38

❸ 100−58

❹ 100−72

❺ 1000−582

❻ 1000−256

❼ 35×35

❽ 69×61

❾ 78×82

❿ 52×71

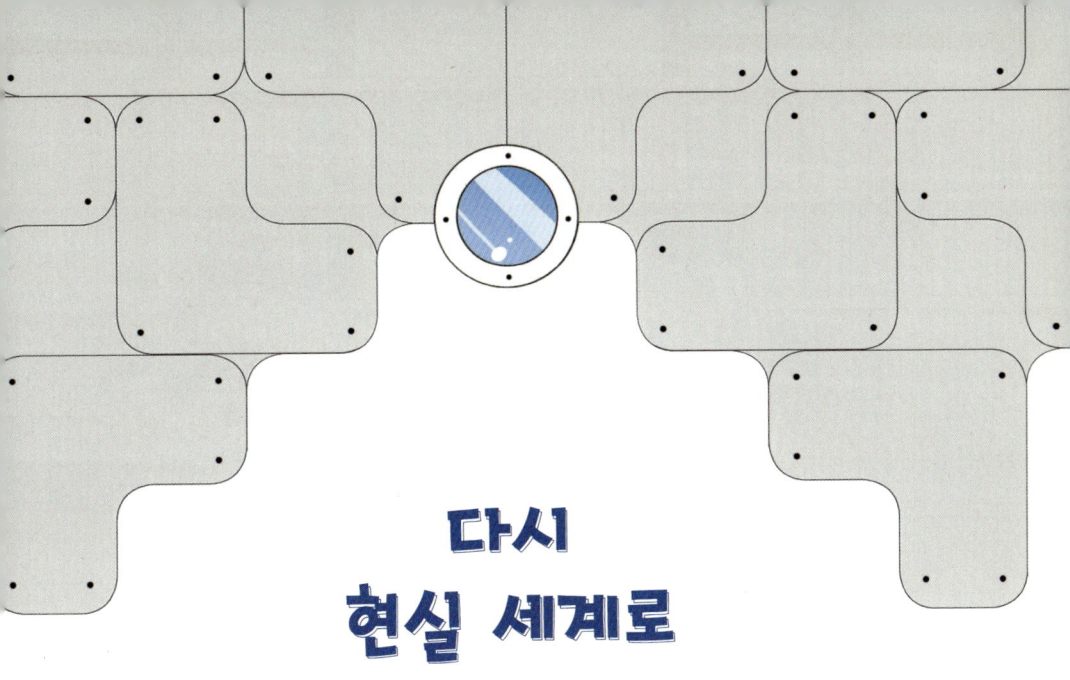

다시 현실 세계로

아이들이 시간의 문을 지나자, 주위의 모든 것들이 쏜살같이 스쳐 지나갔다. 하지만 하늘을 날 듯 편안했다.

"어, 어."

갑자기 바람이 더욱 강해지며 아이들은 어딘가로 튕겨져 나왔다. 현실 세계의 도서관이었다. 아이들을 미래 세계로 인도했던 책도 그대로 펼쳐져 있었다. 그 속에 타임 퍼즐이 있었던 병맛시계탑이 보였다.

"우리가 다시 돌아왔어."

아이들은 서로의 손을 굳게 잡았다. 현실 세계로 돌아오니 모

든 것들이 예전 모습 그대로였다. 시곗바늘도 여전히 12시 10분을 가리키고 있었다.

"현실의 시간은 멈춰 있었나 봐."

"응. 지난번 마법 택시를 타고 갔던 때처럼……."

아이들은 고개를 끄덕였다.

"이제 이 타임 퍼즐은 어떻게 되는 걸까? 그대로 사라져 버리려나?"

"모르겠어. 또다시 누군가 시간을 바꾸려 하지 않는다면 사라지겠지."

아이들은 재민이에게 어떻게 난쟁이와 호닉스를 이겼는지 물었다. 사실 재민이가 어떻게 이길 수 있었는지 아무도 몰랐다.

"말할 수 없는 비밀이긴 한데, 너희들에게만 특별히 알려 주지. 첫 번째 문제는 이미 답을 알고 있었어."

재민이가 씨익 웃었다.

"응? 난쟁이도 문제를 같이 냈잖아."

"그게, 난쟁이가 숫자를 내면 나는 그것을 합해서 9999로 만들었어. 예를 들면 2785, 3189라고 하면 난 7214, 6810이라고 한 거지. 이걸 다 더한다면 20000에서 2를 뺀 19998이겠지. 난쟁이랑 대결은 총 9개의 숫자 더하기였는데, 같은 원리로 계산하면 40000에서 마지막 숫자를 더하고 4를 뺀 수가 되는 거야. 난쟁이가 아무리 암산이 빠르더라도 난 이미 내 문제를 적으면서 답을 계산하고 있었으니깐 절대 나를 이길 수 없었을 거야."

"우와."

생각지도 못했던 방법이었다.

"그리고 두 번째 문제는, 학교에서 선생님께서 문제를 내셨었잖아. 그리고 나눗셈의 나머지를 생각하면 풀 수 있다고 하셨어."

"그 비결은 03361 46250 35 비밀의 숫자에 있었어."

"비밀의 숫자?"

"1일이 월요일로 시작하는 달력을 그려 보면 이렇게 돼. 이게 기본 달력이야."

"나머지를 보면 월요일은 7로 나눈 나머지가 1인 수이고, 화·수·목·금·토·일요일은 나머지가 2, 3, 4, 5, 6, 0이 돼. 예를 들어, 기본 달력의 23일은 7로 나누면 나머지가 2가 되니깐 화요일이 되는 거지."

"그런데 달력은 모두 시작하는 날이 다르잖아. 어떤 달은 월요일 어떤 달은 화요일……."

찬혁이가 물었다.

"그렇지. 그래서 이 비밀의 숫자가 필요한 거야. 각 달의 시작하는 요일을 확인하고 이 비밀의 숫자를 더해서 기본 달력으로 만드는 거지. 목요일이 1일이라면 기본 달력은 목요일이 4

일이니깐 +3을 하는 거지."

"아……."

조금 알 것 같았다.

"그러니깐 그달을 시작하는 날이 월요일이면 0, 화요일은 1, 수요일은 2, 목요일은 3, 금요일은 4, 토요일은 5, 일요일은 6을 더하면 돼. 맨 처음 시작하는 요일만 확인해서 그 숫자만 더하고 나머지를 구하면 되는 거지. 그럼 모두가 기본 달력이 되는 거야."

"대단하다. 어떻게 그걸 알았어?"

"그때 선생님이 그랬잖아. 7로 나누었을 때의 나머지를 알면 되는 거라고. 그래서 달력을 보면서 기본 달력을 생각하며 풀게 됐어. 사실 선생님이 처음 수업하셨을 때부터 해결 방법이 뭘까 하고 고민했었거든."

아이들은 모두 박수를 치며, 재민이의 문제 해결력에 새삼 감탄했다.

아이들은 점심을 먹고 국립 과학 연구소로 갔다. 아직 타임 퍼즐은 그 자리에 그대로 놓여 있었다. 아이들은 서로를 보고 싱긋 웃었다. 타임 퍼즐 앞에서 기념사진을 찍고 나가면서 찬혁이가 근처에 있는 직원에게 말했다.

"근데 이것 잘 지키세요. 시간의 문제가 해결되면 곧 사라져 버릴지도 몰라요."

"시간의 문제?"

"아, 그런 게 있어요. 크크."

"뭐라고. 이 녀석들 쓸데없는 소리는……."

다음 날 아침, 연구소에는 큰 소동으로 직원들이 허둥거렸다.

"어, 뭐야? 어디로 갔지?"

"분명히 어제 퇴근할 때까지도 있었는데……."

국립 과학 연구소에 있던 타임 퍼즐이 감쪽같이 사라졌고, 텔레비전에서는 속보라며 이 사실을 떠들썩하게 알렸다.

"감쪽같이 사라진 물체를 찾습니다. 어디로 갔는지 찾아 주시는 분에게 큰 상금을 드립니다."

"미래 사회에서 시간의 혼돈이 풀렸나 봐."

그날의 소식을 들으며 비밀을 알고 있던 아이들은 모두 씨익 웃었다. 아이들 단톡방에 찬혁이가 글을 올렸다.

달력 뜯어보기

1. 숫자의 규칙
- 오른쪽으로 갈수록 1씩 커진다
- 아래로 가면 7씩 커진다.
- 2×2의 서로 이웃하는 네 개의 날짜는 대각선끼리의 날짜의 합과 서로 같다.
- 3×3의 모든 날짜의 합은 3×3 한가운데 날짜에 9를 곱한 수와 같다.

일	월	화	수	목	금	토
			1	2	3	4	5
6	7	8	9	10	11	12
13	14	15	16	17	18	19
20	21	22	23	24	25	26
27	28	29	30	31		

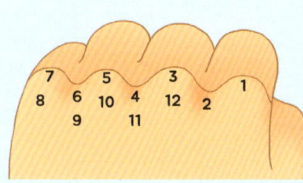

긴 달
1, 3, 5, 7, 8, 10, 12월(31일까지 있음)

짧은 달
2, 4, 6, 9, 11월
(30일까지 있음, 2월만 28일)

2. 달력의 역사
- 1년이 365일이지만 지구의 공전주기는 365.2424일이어서 시간이 지나면서 날짜의 오차가 발생하게 된다.
- B.C 45년~16세기 말은 율리우스력을 사용
  - 1300년이 지나면서 약 열흘의 오차가 생기게 된다.
- 1582년 교황 그레고리우스 13세가 율리우스력의 단점을 보완하여 그레고리력을 만듦(현재까지 사용하고 있는 달력)
  - 4의 배수, 400의 배수인 해를 윤년(366일)으로 한다.
  - 100의 배수인 해는 평년(365일)으로 한다.
  - 오차는 400년에 0.12일이 발생하여 만년에 약 3일의 오차가 생기게 된다.

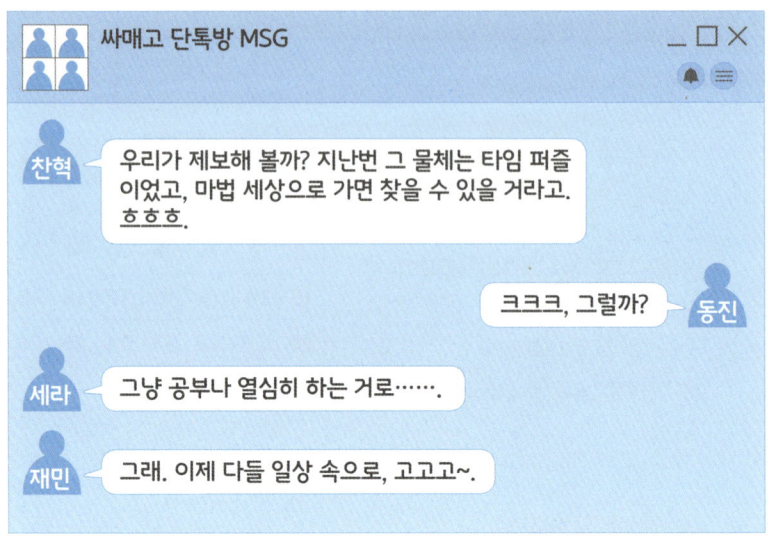

 동진이, 세라, 재민이가 차례로 글을 남겼다. 아이들은 모두가 함께했던 짜릿했던 기억들이 머릿속에서 파노라마처럼 스쳐 지나갔다.

공부에 도움이 되는 수학·과학 톺아보기

★톺아보기란?
'자세히 살펴보다'라는 뜻의 순우리말입니다.

1. 재민이가 난쟁이를 이겼던 방법으로 친구와 함께 네 자리 수의 덧셈을 암산으로 풀어 보세요.

2. 요일을 맞힐 수 있는 비밀의 숫자는 14402 50361 46이다. 친구와 함께 날짜를 말하며 '요일 맞히기 게임'을 해 보세요.

3. 아래 달력을 보고 달력에서 볼 수 있는 숫자의 규칙을 두 개 이상 써 보세요.

일	월	화	수	목	금	토
		1	2	3	4	5
6	7	8	9	10	11	12
13	14	15	16	17	18	19
20	21	22	23	24	25	26
27	28	29	30			

4. 1월부터 12월을 긴 달과 짧은 달로 구분하여 보세요.

긴 달 :

짧은 달 :

에필로그

"아, 이 녀석들 오랜만이구나. 그동안 잘 지냈니? 별일 없었고?"

방학이 끝나고 복도에서 키티 선생님을 만났다. 늘 그렇듯 유쾌한 모습이었다. 재민이와 찬혁이, 세라, 동진이가 모두 모여 있었다.

"아, 쌤 물론 별일 있었죠. 하지만 선생님 덕분에 잘 마치고 왔습니다."

찬혁이가 절도 있게 거수경례를 했다. 선생님이 그 모습을 보며 씨익 웃었다.

"선생님, 생신이 언제세요?"

"생일은 알아서 뭐하게, 비밀인데?"

"제가 요일을 좀 맞혀 보려고 했는데, 지난번에 문제 내셨잖아요."

"아, 그랬지?"

"선생님께서 그때 안 알려 주신 날짜의 요일 맞히기 비법을 제가 알아내 버렸죠. 이제 모조리 요일을 맞힐 수가 있거든요."

재민이가 으스댔다.

"오, 대단하구나. 그것으로 여자 친구 좀 놀라게 했니?"

"하하하, 그건 아니지만 그것보다 훨씬 더 엄청난 일이 있었죠."

재민이가 씨익 웃었다.

"왜, 혹시 마법이라도 부렸어?"
"네?"
누구랄 것 없이 아이들 눈이 모두 동그래졌다.
"이 녀석들 놀래긴. 오랜만에 만났으니 내가 특별히 선물을 주도록 하마."
선생님이 웃으며 가방에서 작은 종이 상자를 꺼냈다. 태블릿처럼 생긴 꽤 좋아 보이는 물건이었다.
"암호를 걸어 놨는데, 선생님 이름을 치면 열릴 거야. 집에 가서 열어 봐."
선생님이 찬혁이에게 종이 상자를 건네고 언제나처럼 휙 지나갔다.
"우와! 키티 쌤, 고맙습니당."
선생님의 뒤통수에 대고 아이들이 큰 소리로 인사를 했다.

"잘 다녀왔습니다."
"그래, 수고 많았다. 어떻게 애들은 잘 지내더냐?"
"네. 모두 잘 있었습니다."
"선물은 전해 주었니?"
"네, 아저씨."
"아이들은 모두 건강하고?"
"예전과 똑같습니다. 찬혁이는 여전히 좌충우돌에다가 재민이, 세라와 동진이도 잘 지내고 있습니다."
건강한 모습의 재롬과 드라버, 그리고 드라버의 스승인 노스승이 함께 이야기 중이었다.

"그래 보고 싶구나. 너를 알아보더냐?"

"아니요. 제가 오랜만에 선생님으로 변신을 했죠. 대사부님도 말씀하신 게 있고, 이번에는 선물만 전해 주고 휙 왔습니다. 암호를 걸어 놓았는데 풀 수 있겠죠."

재롬이 키티 선생님으로 변신해서 아이들을 만나고 온 것이었다. 재롬은 아이들의 모습이 생각나서 씨익 웃음이 났다.

"그래 잘했다. 인간 세계는 인간들이 잘 살 수 있도록 해야지. 괜히 우리가 끼어들면 혼란스러워진단다."

드라버 옆에서 조용히 듣고 있던 노스승이 말했다. 정정한 모습이었다.

"네, 스승님."

드라버와 재롬이 고개를 끄덕였다.

"드라버, 호닉스 소식은 들어 보았느냐?"

"네, 스승님. 난쟁이와 함께 그대로 시간의 방에 갇혀 있다고 합니다."

"그래, 이제라도 마음을 돌려먹어야 할 텐데……. 그 녀석이 왜 그렇게 되었는지 정말 안타깝구나."

노스승이 고개를 저었다.

"그나저나 넌 계속 저런 고물 택시를 타고 다니면서 마법사 흉내나 내어야겠느냐? 이제 순간 이동도 더 멋지게 하고 그래야지."

"택시가 제일 편하다고 말씀하실 때는 언제고, 이제 그런 말씀을 하십니까?

"에끼, 이 녀석. 그것은 그때고 말이지. 어디서 말대꾸냐, 말대꾸는?"

노스승이 꿀밤을 때리려고 하자 드라버가 고개를 휙 돌리며 피했다. 행복하고 평온한 마법 세상의 모습이 이어지고 있었다.

그리고 며칠 후 인간 세상.

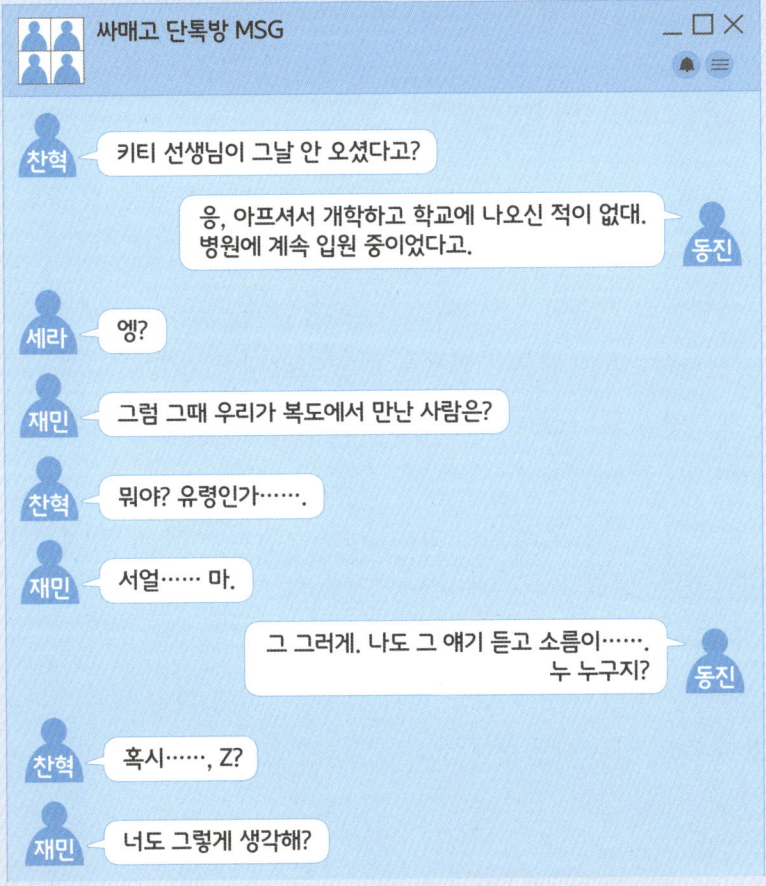

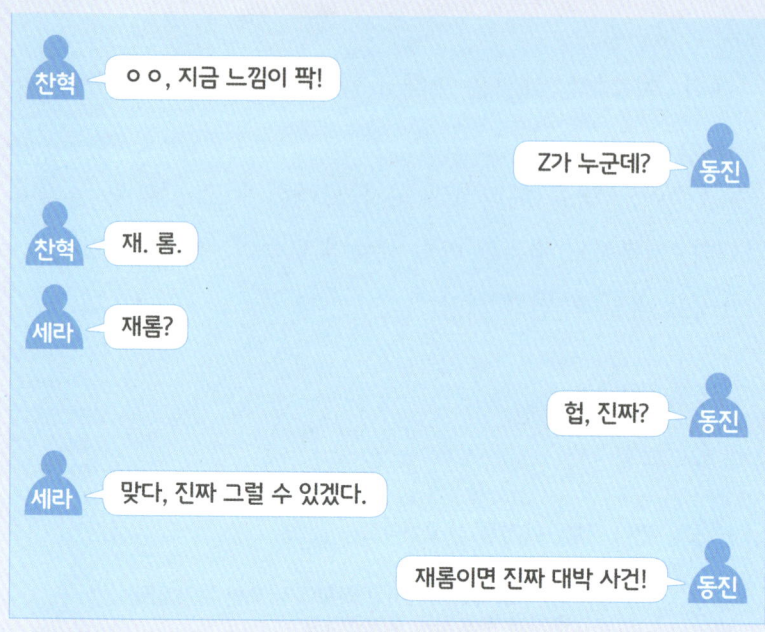

아이들의 가슴이 마구마구 뛰기 시작했다.
"찬혁아, 얼른 태블릿 암호를 재롬으로 넣어 봐."
재민이의 떨리는 목소리가 문자에 전해지는 것 같았다.
"어어. 잠시만"
찬혁이가 태블릿을 켜고 암호를 쳤다. 암호를 치고 있는 찬혁이의 손이 떨렸다.
"얘들아, 열렸어. 그렇게 꼼짝을 안 하더니……."
아이들이 바로 옆에 있는 것처럼 찬혁이가 소리를 질렀다. 암호가 걸려 있던 태블릿이 드디어 켜지고 있었다.
"헉, 대박."
모두 숨을 죽이고 찬혁이의 다음 말을 기다렸다.

"얘들아, 영상이 있어. 잠시만 바로 찍어 보낼게."

찬혁이는 태블릿에 들어 있는 영상을 작동시켜 자신의 핸드폰으로 촬영을 했다. 영상에는 재롬과 드라버, 노스승의 모습이 나왔다. 셋이 나란히 서서 카메라를 보고 반갑게 손을 흔들며 인사를 했다.

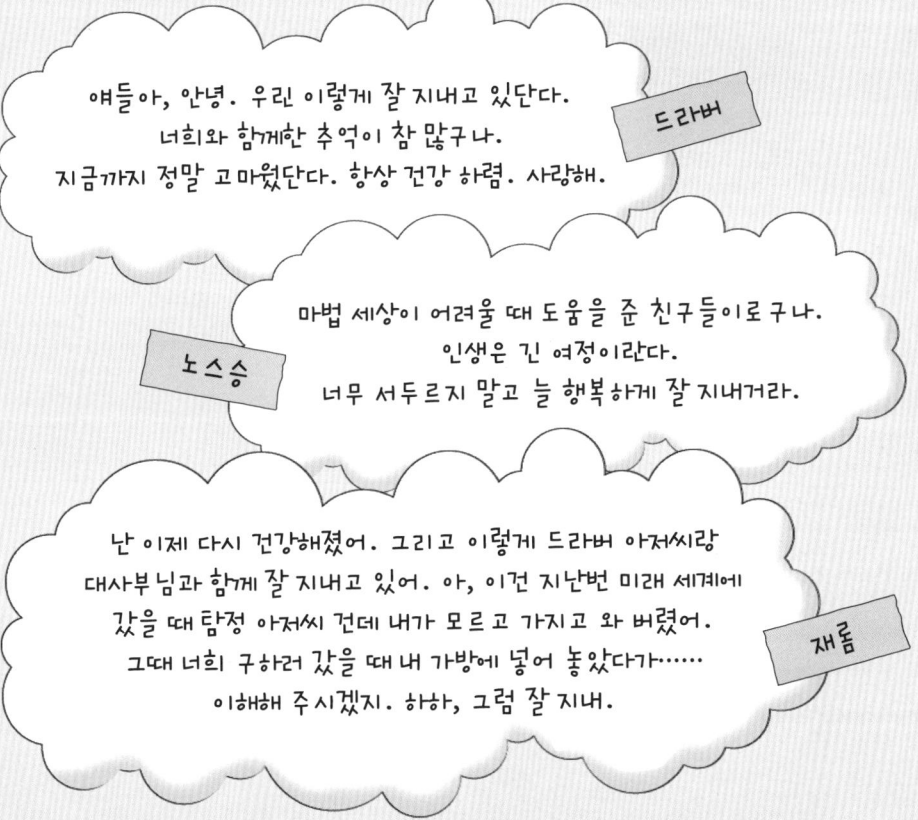

얘들아, 안녕. 우린 이렇게 잘 지내고 있단다.
너희와 함께한 추억이 참 많구나.
지금까지 정말 고마웠단다. 항상 건강하렴. 사랑해.
드라버

마법 세상이 어려울 때 도움을 준 친구들이로구나.
인생은 긴 여정이란다.
너무 서두르지 말고 늘 행복하게 잘 지내거라.
노스승

난 이제 다시 건강해졌어. 그리고 이렇게 드라버 아저씨랑
대사부님과 함께 잘 지내고 있어. 아, 이건 지난번 미래 세계에
갔을 때 탐정 아저씨 건데 내가 모르고 가지고 와 버렸어.
그때 너희 구하러 갔을 때 내 가방에 넣어 놓았다가……
이해해 주시겠지. 하하, 그럼 잘 지내.
재롬

아이들은 가슴이 뭉클하고 찡긋했다. 보고 있던 모두의 눈에 눈물이 맺혔다.

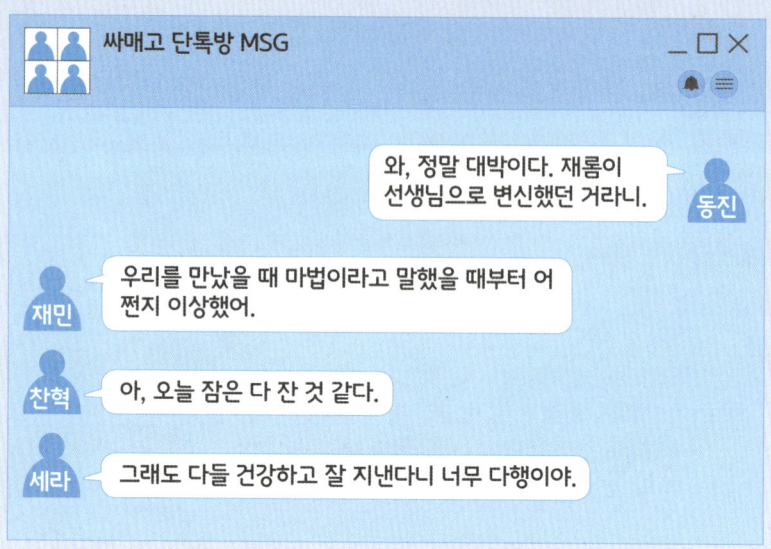

아이들의 마음속에 진한 여운이 남았다. 설렘과 흥분이 가득 찬 밤이었다.

〈지금까지 싸매고 탐험대를 사랑해 주셔서 감사합니다.〉

초판 발행 2019년 6월 10일
초판 인쇄 2019년 6월 3일

글 김성삼 | **그림** 김준식

펴낸이 정태선
펴낸곳 파란정원(자매사 책먹는아이) | **출판등록** 제395-2010-000070호
주소 서울시 서대문구 모래내로 464 2층(홍제동) | **전화** 02-6925-1628 | **팩스** 02-723-1629
제조국 대한민국 | **사용연령** 8세 이상 어린이
홈페이지 www.bluegarden.kr | **전자우편** eatingbooks@naver.com
종이 다올페이퍼 | **인쇄** 조일문화인쇄사 | **제본** 선명

글ⓒ김성삼 2019
ISBN 979-11-5868-106-7 74410
     979-11-5868-103-6 74410(세트)

이 책은 저작권법에 따라 보호받는 저작물이므로 무단 전재와 무단 복제를 금지하며,
이 책 내용의 전부 또는 일부를 이용하려면 반드시 저작권자와 파란정원(자매사 책먹는아이)의 동의를 얻어야 합니다.
*잘못된 책은 구입하신 서점에서 바꿔 드립니다.

톺아보기 정답

p24

1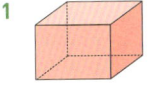

2

3 ① 396.8cm³ ② 1,550cm³

p36

1 (그림)

2 평행, 수직, 6, 12, 8

3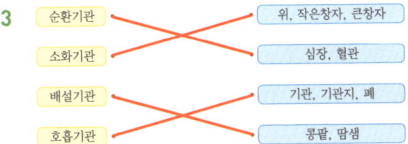

p51

1 ① (100−20)+(60÷12)×2
  ② 90−(7×6)+(30÷6)

2 ① $1\frac{2}{3}$ ② $3\frac{3}{7}$

3 순환기관 — 심장, 혈관
  소화기관 — 위, 작은창자, 큰창자
  배설기관 — 콩팥, 땀샘
  호흡기관 — 기관, 기관지, 폐

p67

1 골드버그 장치, 생략
2 위치에너지, 운동에너지, 소리에너지 등
3 예) 선풍기: 전기에너지 → 운동에너지
      떨어지는 물체: 위치에너지 → 운동에너지

p81

1 예) 시각기관 눈, 청각기관 귀, 후각기관 코 등
2 중추신경계
3 감각기관, 운동기관

p93

1 홀로그램
2 생략

p110

1 버섯과 곰팡이, 세균
2 공중화장실, 많은 사람들이 이용하며 깨끗하지 않은 경우가 많기 때문에
3 여러 발효음식을 만들고 질병치료에 이용되며, 죽은 생물을 썩게 하여 생태계를 유지시킴.
4 음식을 상하게 하거나 주변의 물건을 망가뜨리고 여러 질병을 일으키게 할 수 있음.

p121

1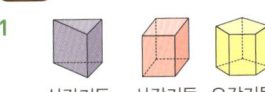
  삼각기둥 사각기둥 오각기둥

2 (원뿔: 원뿔의 꼭짓점, 높이, 모선, 옆면, 밑면)

3

p132

1 예) ·· ·−·· ·· −· · ·−··− −−−−− ·−−−−
  (I like 101, 나는 워너원을 좋아해.)

2 옛날에 비해 오늘날의 통신수단은 많이 발달했다.
  ① 전달하는 속도가 빠르다.
  ② 여러 사람과 동시에 연락을 주고받을 수 있다.
  ③ 한꺼번에 정보를 많이 보낼 수 있다.

p149

1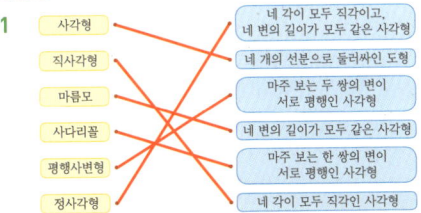

사각형 — 네 개의 선분으로 둘러싸인 도형
직사각형 — 네 각이 모두 직각인 사각형
마름모 — 네 변의 길이가 모두 같은 사각형
사다리꼴 — 마주 보는 한 쌍의 변이 서로 평행인 사각형
평행사변형 — 마주 보는 두 쌍의 변이 서로 평행인 사각형
정사각형 — 네 각이 모두 직각이고, 네 변의 길이가 모두 같은 사각형

2 ②
3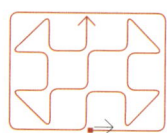

p160

1

2 약수, 배수

p173

1
길이	넓이	부피
10cm	10cm, 10cm 10×10=100cm²	10cm, 10cm, 10cm 10×10×10=1000cm³
20cm	20cm, 20cm 20×20=400cm²	20cm, 20cm, 20cm 20×20×20=8000cm³

길이는 2배 증가
넓이는 4배 증가
부피는 8배 증가

2 약 130만배

p189

1 12cm
2 800원
3 20cm
4 324명
5 재민이네 가게에서는 사과 상자를 24,000원에 살 수 있고, 찬혁이네 가게에서는 3,000원을 포인트로 적립하게 되므로 재민이네 가게에 사는 것이 더 이익이다.

p206

1 15분
2 1초에 20m를 가는 바람은 1시간에 72km를 가므로 고속열차가 더 빠르다.

p221

1 ① ○ ② ○ ③ ×
2 용액 — 두 가지 이상의 물질이 고르게 섞여 있는 것(설탕물)
용질 — 녹는 물질(설탕)
용매 — 용질을 녹이는 물질(물)
용해 — 두 가지 이상의 물질이 고르게 섞이는 현상
3 예 빨리 저어준다. 물의 온도를 높여준다 등

p236

1 ① 162
② 24
③ 42
④ 28
⑤ 418
⑥ 744
⑦ 1225
⑧ 4209
⑨ 6396
⑩ 3692

p245

1 생략
2 생략
3 오른쪽으로 가면 1씩 커진다. 아래로 내려가면 7씩 커진다. / 방향으로 내려가면 6씩 커진다. 2×2의 서로 이웃하는 4개의 날짜는 대각선끼리의 날짜의 합과 서로 같다. 3×3의 모든 날짜의 합은 3×3 한 가운데 날짜에 9를 곱한 수와 같다.
4 긴 달:1,3,5,7,8,10,12월
짧은 달:2,4,6,9,11월